意外と当たる

Meisho「メイショウ」馬券術

「メイショウ」冠の馬の取捨選択が馬券を制す！

競馬道OnLine編集部／TAKERU（タケル） 著

主婦の友社

はじめに

　私と「メイショウ」冠の馬との出会いは、いつのことになるだろうか。

　西浦騎手（当時）で88年ペガサスSでオグリキャップの4着になったメイショウコテングあたり、デイリー杯3歳Sでアイドルマリーの2着になったメイショウコブラでは完全に「メイショウ」馬について物心（？）はついていたので、88年の現役馬。つまり、かれこれ30年間の「メイショウ」馬たちとの一方的なファンとしてのお付き合いということになる。
　具体的には、石橋守騎手（当時）をダービージョッキーにしてくれたメイショウサムソンは言うに及ばず、テイエムオペラオーの良きライバル、メイショウドトウ、GI・3勝をあげたメイショウマンボ（祖母のアヤメのほうが好みではあった）、種牡馬として活躍中のメイショウボーラー、ミスター小倉のメイショウカイドウ、毎日王冠で怪物グラスワンダーを追い詰めたメイショウオウドウ、まだG3のハンデ戦だったフェブラリーH（現フェブラリーS）を7人気で制した心の名馬メイショウホムラ、マイルチャンピオンシップで上籠騎手（当時）を背に16人気ながらトロットサンダーの2着と激走したメイショウテゾロ、岡部幸雄騎手（当時）とのコンビが印象的だったメイショウヤエガキ、タフネス牝馬のメイショウマリーン、格上挑戦の京都記念で2着になったメイショウハブオー、地方交流重賞を渡り歩いたメイショウアムール、モトナリ……「メイショウ」冠の馬の話になれば、3日あっても足りないくらい、本当に話題はつきない。

　そんな中で、この本である。
　正直なところ、全ての馬券を買わない私にとって見ても「メイショウ」

冠の馬は人気薄で良く来るなあ、というイメージが前々からあった。
　そんなときに、たまたま競馬道OnLine編集部から声がかかり、一冊の馬券術としてまとめてみようということになったのが本書企画の始まりとなる。

　基本的な構成は次のとおり。
第1章では「メイショウ」馬の歴史
第2章では「メイショウ」馬の主要データ分析　全馬との比較（概論）
第3章では「メイショウ」馬　好走パターンその1（コース）
第4章では「メイショウ」馬　好走パターンその2（騎手、調教師、種牡馬、生産者など）をまとめ、最後に、メイショウ馬券術が実践できるように　①最低40分でできる！メイショウ馬簡単3ステップチェック！　と②対象リスト、そして好走例リストとして　③メイショウ馬券術85の方程式を付けた。
　私だけではなく、きっと「メイショウ」冠の馬がターフやダートを走っているだけで、その日一日が幸せな気分になる競馬ファンも多いことだと思う。
　「メイショウ」冠の馬を中心にしたデータ解析馬券術をご覧いただき、この本を片手に、「メイショウ」冠の馬の勇姿を見ていただけることを願ってやまない。

追伸　ここに上げた方程式以外にも、ご自身で新しい方程式を見つけた！　という場合はぜひ競馬道OnLine編集部までお知らせいただきたい。

2018年初夏　共著者　TAKERU

目次

はじめに …………………… 2

第1章
メイショウ馬の歴史 …………… 5

第2章
メイショウ馬の主要データ分析 …… 9

騎手 ………………………… 10
厩舎 ………………………… 12
種牡馬 ……………………… 14
生産者 ……………………… 16
母父 ………………………… 18
競馬場 ……………………… 20
コース ……………………… 22
距離 ………………………… 24
クラス ……………………… 26
人気 ………………………… 28
性齢 ………………………… 30
脚質 ………………………… 31

メイショウ馬、主要6項目
ビッグ12相関図 …………… 32

第3章と第4章の見方 …… 34

第3章
メイショウ馬の好走パターン1 …… 35

【コース】
京都ダート1200m ………… 36
京都ダート1400m ………… 38
京都ダート1800m ………… 40
京都芝1200m ……………… 42
京都芝2000m ……………… 43

阪神ダート1200m ………… 44
阪神ダート1400m ………… 46
阪神ダート1800m ………… 48
阪神芝1200m ……………… 50

中山ダート1200m ………… 51
中京ダート1200m ………… 52
中京ダート1800m ………… 54
小倉ダート1700m ………… 56
小倉芝1200m ……………… 58
小倉芝1800m ……………… 60
福島ダート1700m ………… 61
新潟ダート1800m ………… 62
函館ダート1700m ………… 64
札幌ダート1700m ………… 66

第4章
メイショウ馬の好走パターン2 …… 67

【騎手】
武豊 騎手 …………………… 68
池添謙一 騎手 ……………… 70
幸英明 騎手 ………………… 72
城戸義政 騎手 ……………… 74
浜中俊 騎手 ………………… 75
古川吉洋 騎手 ……………… 76
岩田康誠 騎手 ……………… 77
川田将雅 騎手 ……………… 78
秋山真一郎 騎手 …………… 79

【厩舎】
南井克巳 厩舎 ……………… 80
本田優 厩舎 ………………… 82
池添兼雄 厩舎 ……………… 83
安達昭夫 厩舎 ……………… 84
荒川義之 厩舎 ……………… 85

【種牡馬】
メイショウボーラー 産駒 … 86
メイショウサムソン 産駒 … 88
マンハッタンカフェ 産駒 … 90
タイキシャトル 産駒 ……… 92
ディープインパクト 産駒 … 93
ゴールドアリュール 産駒 … 94
プリサイスエンド 産駒 …… 95
スズカマンボ 産駒 ………… 96
キングカメハメハ 産駒 …… 97

【生産者】
三嶋牧場 生産 ……………… 98
太陽牧場 生産 ……………… 100
富田牧場 生産 ……………… 101
高昭牧場 生産 ……………… 102
日の出牧場 生産 …………… 103

【母父】
ダンスインザダーク …… 104
サンデーサイレンス …… 106
バブルガムフェロー …… 107

【クラス】
新馬(芝) …………………… 108
新馬(ダート) ……………… 109
未勝利(芝) ………………… 110
未勝利(ダート) …………… 111
500万下(芝) ……………… 112
500万下(ダート) ………… 113
障害レース ………………… 114
ハンデ戦 …………………… 115
牝馬限定戦 ………………… 116
最終レース ………………… 117

【条件】
単勝1番人気 ……………… 118
単勝二桁人気 ……………… 119
1枠 …………………………… 120
8枠 …………………………… 121

巻末
メイショウ馬 簡単
3ステップチェック！ …… 122
簡単
3ステップチェック！
対象リスト ………………… 124
まとめ
メイショウ馬券術
85の方程式 ………………… 126

第1章
メイショウ馬の歴史

いわゆる「メイショウ」冠の馬はどのような歴史を歩んできたのでしょうか?
中央競馬での重賞勝ち馬をはじめ、記憶に残る馬たちの馬名を見ながら、
その歴史を見ることにしたいと思います。

メイショウの歴史

1974年に、日本中央競馬会に馬主登録した松本好雄氏。所有馬の冠名は、自身が兵庫県明石市生まれのため「**明石**の**松本**」を省略して「メイショウ」と名付けたと言われている。これには「名将」という意味もあるようだ。自身の所有馬やレース騎乗騎手については調教師に一任されているようで、競馬関係者との絆を大切にするオーナーとして知られる。日高の個人牧場の生産馬を数多く所有し、競馬関係者からは親しみを込めて「メイショウさん」と呼ばれているそうだ。

● メイショウドトウがGI制覇

初の重賞勝ちは88年のメイショウエイカン。松永幹夫騎手(当時)を背に、京都大賞典を制した。念願の初GI制覇は01年。それまでテイエムオペラオーの前にGIで2着を5度繰り返していたメイショウドトウが、安田康彦騎手(当時)に導かれ宝塚記念を勝利した。遅咲きのメイショウドトウの戴冠は、馬主になって28年目の栄冠を手にした松本オーナーと重なったところも多い。

● 砂の王者に変貌したメイショウボーラー

スピードを武器に芝の短距離戦線で活躍していたメイショウボーラー。芝のGIタイトルには手が届かなかったが、ダート路線に進むと一気に3連勝で05年のGIフェブラリーSを勝利した。その後も芝のGIスプリンターズSで2着に入るなど、息の長い活躍を見せて、現役引退後は種牡馬としても活躍している。

● 王者メイショウサムソンとの出会い

06年のクラシック戦線の主役となったのはメイショウサムソン。石橋守騎手(当時)を鞍上に皐月賞を勝つと、1番人気で迎えた日本ダービーを勝利。ついにホースマンの夢である日本最高峰のレースを獲得した。メイショウサムソンは翌年、天皇賞春秋制覇を成し遂げるなど、数年にわたって日本競馬界の主役であり続けた。その後種牡馬としても活躍。

メイショウ馬の重賞勝ち馬一覧（重賞勝ち鞍はJRA重賞のみ）

生年	馬名	性別	戦績	重賞勝ち鞍(数字)は勝利した年	厩舎	生産者
1983	メイショウエイカン	牡	28戦4勝(4-3-1-20)	京都大賞典(88)	高橋成忠	富田牧場
1987	メイショウビトリア	牡	39戦6勝(6-10-5-18)	ステイヤーズS(91)	伊藤雄二	岡本牧場
1988	メイショウホムラ	牡	25戦10勝(10-4-1-10)	フェブラリーH(93)	高橋成忠	北星村田牧場
1988	メイショウマリーン	牝	65戦7勝(7-5-9-44)	小倉大賞典(94)	高橋直	日西牧場
1988	メイショウレグナム	牡	59戦7勝(7-10-14-28)	小倉大賞典(95)	武邦彦	西田牧場
1992	メイショウテゾロ	牡	27戦3勝(3-1-0-23)	シンザン記念(95)	星川薫	三澤牧場
1994	メイショウワカシオ	牡	59戦7勝(7-6-4-42)	京都ジャンプS(00)	池添兼雄	日西牧場
1995	メイショウオウドウ	牡	27戦6勝(6-5-4-12)	産経大阪杯(00)、鳴尾記念(01)	飯田明弘	松栄牧場
1996	メイショウドトウ	牡	27戦10勝(10-8-2-7)	中京記念(00)、金鯱賞(00)、オールカマー(00)、日経賞(01)、宝塚記念(01)	安田伊佐夫	P. Hardy
1997	メイショウキオウ	牡	38戦7勝(7-3-2-26)	中京記念(04)	福島勝	辻牧場
1997	メイショウドメニカ	セ	38戦8勝(8-2-3-25)	福島記念(03)	高橋成忠	富田牧場
1998	メイショウラムセス	牡	19戦6勝(6-4-2-7)	富士S(02)	伊藤雄二	稲原牧場
1999	メイショウカイドウ	牡	43戦11勝(11-6-6-20)	小倉記念(04)、小倉大賞典(05)、北九州記念(05)、小倉記念(05)、七夕賞(06)	坂口正大	森永正志
2000	メイショウバトラー	牝	61戦14勝(14-12-7-28)	小倉大賞典(04)、プロキオン(06)、シリウスS(06)	高橋成忠	三木田明仁
2001	メイショウオスカル	牝	21戦3勝(3-4-2-12)	フローラS(04)、福島牝馬S(05)	安達昭夫	日西牧場
2001	メイショウボーラー	牡	29戦7勝(7-5-3-14)	小倉2歳S(03)、デイリー杯2歳S(03)、ガーネットS(05)、根岸S(05)、フェブラリーS(05)	白井寿昭	日の出牧場
2002	メイショウトウコン	牡	46戦9勝(9-7-8-22)	平安S(07)、東海S(07)、エルムS(07)	安田伊佐夫	新冠橋本牧場
2003	メイショウサムソン	牡	27戦9勝(9-7-2-9)	スプリングS(06)、皐月賞(06)、日本ダービー(06)、産経大阪杯(07)、天皇賞春(07)、天皇賞秋(07)	瀬戸口勉/高橋成忠	林孝輝
2005	メイショウベルーガ	牝	35戦7勝(7-3-6-19)	日経新春杯(10)、京都大賞典(10)	池添兼雄	三嶋牧場
2005	メイショウクオリア	牡	43戦4勝(4-5-4-30)	京都新聞杯(08)	西橋豊治	富田牧場
2007	メイショウカンパク	牡	53戦6勝(6-4-8-35)	京都大賞典(12)	荒川義之	三嶋牧場
2008	メイショウナルト	セ	49戦7勝(7-7-3-32)	小倉記念(13)、七夕賞(14)	武田博	鎌田正嗣
2008	メイショウヨウドウ	セ	36戦4勝(4-6-2-24)	東京ジャンプS(14)	池添兼雄	ヤナガワ牧場
2008	メイショウマシュウ	牡	19戦6勝(6-2-3-8)	根岸S(13)	沖芳夫	大島牧場
2009	メイショウシドウ(二代目)	牡	29戦8勝(8-1-2-18)	小倉サマージャンプ(14)、阪神ジャンプS(14)	角居勝彦	三嶋牧場
2009	メイショウスザンナ	牝	45戦5勝(5-2-4-34)	クイーンS(15)	高橋義忠	北星村田牧場
2010	メイショウマンボ	牝	31戦6勝(6-2-0-23)	フィリーズレビュー(13)、オークス(13)、秋華賞(13)、エリザベス女王杯(13)	飯田明弘/飯田祐史	高昭牧場
2011	メイショウスミトモ	牡	49戦8勝(8-2-6-35)	シリウスS(17)	南井克巳	フジワラファーム

※メイショウスミトモは現役。2018年5月15日現在のデータ

● 武幸四郎騎手(当時)が男泣きしたメイショウマンボ

2005年4月～2012年12月まで日本馬主協会連合会の会長を務められた松本好雄オーナー(現在は名誉会長)。メイショウマンボのデビューは12年。母メイショウモモカは未勝利も、祖母メイショウアヤメは4歳牝馬特別(当時)2着でオープン勝ち馬とメイショウの血を代々受け継ぐ。武幸四郎騎手(当時)とのコンビで13年オークス、秋華賞、エリザベス女王杯と3つのGIを勝利。日頃から松本オーナーにお世話になっていた武幸四郎騎手(当時)は、オークスの勝利後、人目もはばからずに男泣き。現在は松本好雄オーナーのほかに、妻の松本和子氏、息子の松本好隆氏が日本中央競馬会に馬主登録しており、いずれも「メイショウ」の冠名を所有馬につけている。松本好雄オーナーは、近年でもっとも勝利数が多い個人馬主と言える。

全馬 馬主別成績

順位	馬主	着別度数	勝率	連対率	複勝率	単勝回収率	複勝回収率
1	サンデーレーシング	602-483-428-3553	11.9%	21.4%	29.9%	79%	78%
2	キャロットファーム	592-470-477-3457	11.8%	21.3%	30.8%	74%	80%
3	社台レースホース	513-531-428-3647	10.0%	20.4%	28.8%	65%	70%
4	シルクレーシング	403-330-329-2331	11.9%	21.6%	31.3%	75%	79%
5	松本好雄	333-303-354-3891	6.8%	13.0%	20.3%	78%	77%
6	サラブレッドクラブ・ラフィアン	319-364-397-3886	6.4%	13.8%	21.7%	74%	82%
7	金子真人ホールディングス	254-210-174-1344	12.8%	23.4%	32.2%	61%	74%
8	東京ホースレーシング	236-184-184-1627	10.6%	18.8%	27.1%	77%	69%
9	H.H. シェイク・モハメド	218-213-206-1749	9.1%	18.1%	26.7%	79%	80%
10	栄進堂	193-176-155-1249	10.9%	20.8%	29.6%	98%	82%
11	G1レーシング	191-179-158-1242	10.8%	20.9%	29.8%	88%	78%
12	吉田勝己	183-209-163-1125	10.9%	23.3%	33.0%	68%	85%
13	吉田照哉	169-145-135-1390	9.2%	17.1%	24.4%	84%	74%
14	近藤利一	168-157-136-1206	10.1%	19.5%	27.7%	81%	81%
15	吉田和美	167-123-105-888	13.0%	22.6%	30.8%	84%	73%
16	ウイン	161-174-179-1759	7.1%	14.7%	22.6%	83%	83%
17	島川隆哉	159-158-135-1666	7.5%	15.0%	21.3%	88%	75%
18	岡田牧雄	154-186-152-2256	5.6%	12.4%	17.9%	83%	77%
19	ノースヒルズ	146-148-150-1416	7.8%	15.8%	23.9%	72%	81%
20	前田幸治	139-157-116-1069	9.4%	20.0%	27.8%	95%	86%
82	松本好隆	43-34-32-459	7.6%	13.6%	19.2%	80%	75%
169	松本和子	21-29-23-403	4.4%	10.5%	15.3%	43%	62%

※データは過去5年(2013年1月1日～2018年3月5日)のもの。
松本好雄氏の成績は冠名が「メイショウ」の馬のみ。

第2章 メイショウ馬の主要データ分析

この章では「メイショウ馬」の主要データを全馬と比較して、その特徴を探ります。

メイショウ馬とは？

「メイショウ」の冠名を用いている馬主の馬で、松本好雄、松本和子、松本好隆の3氏の所有馬。本文内にメイショウ馬もしくは全馬の記述がない場合は、メイショウ馬について説明しています。

全馬とは？

本書では「メイショウ馬」との比較対象として登場します。**メイショウ馬も含む全ての馬**という意味です。

第2～4章で扱うデータの注意点

- データの集計期間は2013年1月1日から2018年3月5日の約5年2カ月。データ集計期間のメイショウ馬の全成績は(397-366-409-4753)。その内訳は松本好雄氏(333-303-354-3891)、松本和子氏(21-29-23-403)、松本好隆氏(43-34-32-459)です。
- 本文中の(9-5-1-15)のような表記は左から1着が9回、2着が5回、3着が1回、4着以下が15回ということを表しています。
- 単勝回収率と複勝回収率は小数点を省略します。また、メイショウ馬の100％以上のデータは、背景色に色をつけて強調します。
- 牡馬はセン馬も含みます。

Jockey

騎手 — 武豊騎手がトップ、城戸義政、高田潤騎手も狙い目

過去5年のメイショウ馬の騎手ランクでは、**武豊騎手（40-37-32-204）が最多の40勝**を記録し、2位の池添謙一騎手（23-15-18-138）に倍近い勝ち星の差をつけている。3位は幸英明騎手（18-19-21-162）だ。メイショウ馬ランキングで目立っているのが、**勝利数4位の城戸義政騎手（14-15-9-158）**。全馬ランキングでは65

メイショウ馬 VS 全馬 徹底比較！

◎ 買い：城戸義政騎手／高田潤騎手
ルメール騎手 消し ✕

メイショウ馬 騎手別成績

順位	騎手	着別度数	勝率	連対率	複勝率	単勝回収率	複勝回収率	
1	武豊	40-39-32-204	12.7%	25.1%	35.2%	78%	85%	P68
2	池添謙一	23-15-18-138	11.9%	19.6%	28.9%	106%	80%	P70
3	幸英明	18-19-21-162	8.2%	16.8%	26.4%	64%	81%	P72
4	城戸義政	14-15-9-158	7.1%	14.8%	19.4%	124%	140%	P74
5	浜中俊	13-10-8-55	15.1%	26.7%	36.0%	156%	79%	P75
6	古川吉洋	12-12-13-177	5.6%	11.2%	17.3%	229%	96%	P76
7	岩田康誠	11-8-7-60	12.8%	22.1%	30.2%	62%	77%	P77
8	川田将雅	11-4-5-22	26.2%	35.7%	47.6%	156%	99%	P78
9	秋山真一郎	10-5-12-118	6.9%	10.3%	18.6%	79%	70%	P79
10	高田潤	10-5-1-12	35.7%	53.6%	57.1%	150%	127%	
11	蛯名正義	8-7-7-39	13.1%	24.6%	36.1%	55%	78%	
12	福永祐一	7-8-6-35	12.5%	26.8%	37.5%	79%	112%	
13	松山弘平	7-5-8-99	5.9%	10.1%	16.8%	36%	68%	
14	藤岡佑介	7-4-1-45	12.3%	19.3%	21.1%	135%	57%	
15	太宰啓介	6-16-9-187	2.8%	10.1%	14.2%	51%	80%	
16	川島信二	6-9-10-90	5.2%	13.0%	21.7%	126%	80%	
17	藤岡康太	6-8-9-96	5.0%	11.8%	19.3%	57%	56%	
18	国分優作	6-6-9-85	5.7%	11.3%	19.8%	109%	136%	
19	森一馬	6-3-6-71	7.0%	10.5%	17.4%	54%	53%	
20	熊沢重文	6-3-6-66	7.4%	11.1%	18.5%	34%	109%	
47	M.デムーロ	2-2-2-8	14.3%	28.6%	42.9%	52%	70%	
52	戸崎圭太	2-0-3-14	10.5%	10.5%	26.3%	29%	44%	
116	ルメール	0-0-0-2	0.0%	0.0%	0.0%	0%	0%	

位(65-84-79-1579)なので、際立っている。さらに高田潤騎手(10-5-1-12)もメイショウ馬にとっては欠かせない存在だ。この両騎手は単・複回収率がどちらも100%を大きく上回っており、お買い得な騎手ともいえる。また、単勝回収率では**古川吉洋騎手(12-12-13-177)が229%**と抜群の成績を残している。一方、全馬のリーディングの上位常連である戸崎圭太、ルメール騎手は、メイショウ馬にはあまり騎乗していない。なお、17年2月末で引退した武幸四郎元騎手が37勝を挙げており、実質武兄弟がワンツーだった。

全馬 騎手別成績

順位	騎手	着別度数	勝率	連対率	複勝率	単勝回収率	複勝回収率
1	戸崎圭太	765-593-495-2985	15.8%	28.1%	38.3%	79%	77%
2	福永祐一	611-528-438-2334	15.6%	29.1%	40.3%	86%	85%
3	ルメール	569-395-324-1293	22.0%	37.3%	49.9%	82%	84%
4	川田将雅	561-457-409-1960	16.6%	30.1%	42.1%	81%	85%
5	岩田康誠	511-524-518-3065	11.1%	22.4%	33.6%	62%	77%
6	M.デムーロ	483-343-272-1340	19.8%	33.9%	45.0%	87%	80%
7	浜中俊	476-434-401-2412	12.8%	24.4%	35.2%	72%	78%
8	武豊	468-423-338-2236	13.5%	25.7%	35.5%	68%	75%
9	内田博幸	454-410-384-3281	10.0%	19.1%	27.6%	64%	68%
10	田辺裕信	432-389-388-2941	10.4%	19.8%	29.1%	97%	84%
11	北村宏司	387-366-324-2747	10.1%	19.7%	28.2%	81%	78%
12	蛯名正義	382-348-343-2729	10.0%	19.2%	28.2%	69%	73%
13	和田竜二	337-416-390-3611	7.1%	15.8%	24.0%	73%	76%
14	横山典弘	331-283-273-2051	11.3%	20.9%	30.2%	71%	71%
15	幸英明	318-375-403-3882	6.4%	13.9%	22.0%	68%	75%
16	松山弘平	315-363-315-3390	7.2%	15.5%	22.7%	85%	80%
17	吉田隼人	303-284-260-2726	8.5%	16.4%	23.7%	71%	68%
18	藤岡康太	278-286-277-2727	7.8%	15.8%	23.6%	78%	78%
19	三浦皇成	266-295-271-2429	8.2%	17.2%	25.5%	66%	74%
20	北村友一	258-288-285-2528	7.7%	16.3%	24.7%	77%	87%
21	池添謙一	246-250-220-2086	8.8%	17.7%	25.6%	80%	76%
40	古川吉洋	150-151-123-2046	6.1%	12.2%	17.2%	106%	71%
65	城戸義政	65-84-79-1579	3.6%	8.2%	12.6%	66%	76%
77	高田潤	54-44-35-274	13.3%	24.1%	32.7%	77%	82%

Stable

厩舎

南井克巳厩舎が首位、池添兼雄厩舎、安達昭夫厩舎も単勝回収率高し！

メイショウ馬の厩舎ランクでは、**南井克巳厩舎(36-37-35-334)が36勝**で首位。以下、本田優厩舎(28-21-20-305)、池添兼雄厩舎(26-16-26-232)、安達昭夫厩舎(22-18-12-21-219)と続く。メイショウ馬の厩舎ランク上位厩舎は、全馬のランクでは上位でないケースが多く、ベスト20位に入ったのはメイショウ馬2位で全馬

◎ 買い　南井克巳厩舎　安達昭夫厩舎

該当なし　消し ✗

メイショウ馬 厩舎別成績

順位	厩舎	成績	勝率	連対率	複勝率	単勝回収率	複勝回収率	
1	(栗東)南井克巳	36-37-35-334	8.1%	16.5%	24.4%	157%	82%	P80
2	(栗東)本田優	28-21-20-305	7.5%	13.1%	18.4%	75%	86%	P82
3	(栗東)池添兼雄	26-16-26-232	8.7%	14.0%	22.7%	113%	75%	P83
4	(栗東)安達昭夫	22-18-12-219	8.1%	14.8%	19.2%	155%	75%	P84
5	(栗東)荒川義之	20-25-26-324	5.1%	11.4%	18.0%	34%	76%	P85
6	(栗東)高橋義忠	19-9-17-167	9.0%	13.2%	21.2%	94%	134%	
7	(栗東)松永昌博	15-17-17-196	6.1%	13.4%	20.3%	34%	55%	
8	(栗東)飯田祐史	15-14-16-195	6.3%	12.1%	18.8%	78%	70%	
9	(栗東)沖芳夫	12-23-19-165	5.5%	16.0%	24.7%	36%	70%	
10	(栗東)河内洋	12-12-13-111	8.1%	16.2%	25.0%	62%	58%	
11	(栗東)岡田稲男	12-3-7-60	14.6%	18.3%	26.8%	211%	99%	
12	(栗東)角居勝彦	10-1-6-38	18.2%	20.0%	30.9%	85%	58%	
13	(栗東)西浦勝一	9-14-18-131	5.2%	13.4%	23.8%	40%	103%	
14	(栗東)角田晃一	9-11-8-94	7.4%	16.4%	23.0%	44%	83%	
15	(栗東)浅見秀一	9-5-9-91	7.9%	12.3%	20.2%	74%	71%	
16	(栗東)庄野靖志	9-3-3-50	13.8%	18.5%	23.1%	114%	100%	
17	(栗東)石橋守	8-11-11-119	5.4%	12.8%	20.1%	53%	77%	
18	(栗東)藤沢則雄	8-7-13-171	4.0%	7.5%	14.1%	77%	76%	
19	(栗東)中内田充	8-5-5-4-25	19.0%	31.0%	40.5%	90%	90%	
20	(栗東)笹田和秀	5-5-2-45	8.8%	17.5%	21.1%	67%	53%	

19位の本田優厩舎ぐらいだった。メイショウ馬のランク1位の**南井克巳厩舎、3位池添兼雄厩舎、4位安達昭夫厩舎は勝ち星だけではなく、単勝回収率も100%を超えており、お買い得だ**。上位の中で複勝回収率が高いのは、6位の高橋義忠厩舎で134%。単勝回収率は11位の岡田稲男厩舎が211%と突出している。また、メイショウ馬のランク1位の**南井克巳厩舎は全馬ランクでも単勝回収率138%と高く、さまざまなケースで妙味のある厩舎**といえる。全馬の厩舎ランク上位の矢作芳人厩舎、池江泰寿厩舎、藤原英昭厩舎などには、メイショウ馬はあまり見かけない。

全馬 厩舎別成績

順位	厩舎	着別度数	勝率	連対率	複勝率	単勝回収率	複勝回収率
1	(栗東)矢作芳人	260-222-207-1947	9.9%	18.3%	26.1%	88%	84%
2	(栗東)池江泰寿	260-203-182-1143	14.5%	25.9%	36.1%	77%	73%
3	(栗東)藤原英昭	255-204-165-843	17.4%	31.3%	42.5%	80%	85%
4	(栗東)角居勝彦	248-233-164-1084	14.3%	27.8%	37.3%	71%	77%
5	(美浦)藤沢和雄	229-203-153-933	15.1%	28.5%	38.5%	82%	85%
6	(美浦)堀宣行	228-123-89-767	18.9%	29.1%	36.5%	90%	75%
7	(栗東)音無秀孝	208-185-169-1376	10.7%	20.3%	29.0%	74%	81%
8	(栗東)安田隆行	195-198-156-1253	10.8%	21.8%	30.5%	71%	69%
9	(栗東)友道康夫	193-135-111-835	15.1%	25.7%	34.5%	93%	77%
10	(美浦)国枝栄	190-155-141-1203	11.2%	20.4%	28.8%	72%	79%
11	(栗東)須貝尚介	184-191-183-1107	11.1%	22.5%	33.5%	70%	79%
12	(栗東)藤岡健一	161-148-124-986	11.3%	21.8%	30.5%	91%	78%
13	(美浦)手塚貴久	161-135-151-1179	9.9%	18.2%	27.5%	73%	77%
14	(栗東)石坂正	160-162-150-1097	10.2%	20.5%	30.1%	77%	78%
15	(栗東)西園正都	160-154-152-1445	8.4%	16.4%	24.4%	89%	74%
16	(美浦)加藤征弘	157-130-146-1035	10.7%	19.6%	29.5%	91%	77%
17	(栗東)松永幹夫	148-127-128-971	10.8%	20.0%	29.3%	67%	72%
18	(美浦)田村康仁	148-127-115-1338	8.6%	15.9%	22.6%	74%	73%
19	(栗東)本田優	146-134-142-1400	8.0%	15.4%	23.2%	84%	83%
20	(美浦)鹿戸雄一	145-123-118-1215	9.1%	16.7%	24.1%	90%	74%
36	(栗東)高橋義忠	128-99-103-997	9.6%	17.1%	24.9%	101%	88%
39	(栗東)南井克巳	124-120-95-1124	8.5%	16.7%	23.2%	138%	79%
61	(栗東)池添兼雄	102-101-105-1052	7.5%	14.9%	22.6%	74%	73%
78	(栗東)荒川義之	92-115-94-1252	5.9%	13.3%	19.4%	66%	83%
106	(栗東)安達昭夫	78-64-80-908	6.9%	12.6%	19.6%	96%	80%

Sire

種牡馬
単勝を買うならメイショウボーラー産駒、プリサイスエンド産駒もオススメ

メイショウ馬の種牡馬別成績では、現役時代の所有馬である**メイショウボーラー(68-57-48-669)**とメイショウサムソン(41-35-40-502)が双璧をなしている。とくに**メイショウボーラーは単勝回収率が139%**と高い。メイショウ馬の中でもっとも出走回数が多く、かつ単勝回収率が高いというのは見事というほかない。メイ

メイショウ馬 vs 全馬 徹底比較!

◎買い　メイショウボーラー産駒 / プリサイスエンド産駒

キングカメハメハ産駒　消し ✕

メイショウ馬 種牡馬別成績

順位	種牡馬	成績	勝率	連対率	複勝率	単勝回収率	複勝回収率	
1	メイショウボーラー	68-57-48-669	8.1%	14.8%	20.5%	139%	86%	P86
2	メイショウサムソン	41-35-40-502	6.6%	12.3%	18.8%	54%	70%	P88
3	マンハッタンカフェ	21-17-19-189	8.5%	15.4%	23.2%	88%	71%	P90
4	タイキシャトル	14-10-14-127	8.5%	14.5%	23.0%	47%	69%	P92
5	ディープインパクト	14-5-10-45	18.9%	25.7%	39.2%	108%	67%	P93
6	ゴールドアリュール	13-8-15-91	10.2%	16.5%	28.3%	144%	97%	P94
7	プリサイスエンド	12-8-5-72	12.4%	20.6%	25.8%	254%	96%	P95
8	スズカマンボ	11-12-7-141	6.4%	13.5%	17.5%	81%	62%	P96
9	キングカメハメハ	10-9-9-107	7.4%	14.1%	20.7%	41%	51%	P97
10	アグネスデジタル	10-7-6-80	9.7%	16.5%	22.3%	108%	99%	
11	ハーツクライ	9-14-18-140	5.0%	12.7%	22.7%	95%	96%	
12	ネオユニヴァース	8-12-10-120	5.3%	13.3%	20.0%	28%	86%	
13	エンパイアメーカー	8-10-12-128	5.1%	11.4%	19.0%	35%	76%	
14	ダイワメジャー	8-7-8-70	8.6%	16.1%	24.7%	77%	63%	
15	シニスターミニスター	8-3-4-63	10.3%	14.1%	19.2%	93%	64%	
16	スペシャルウィーク	7-12-11-66	7.3%	19.8%	31.3%	38%	68%	
17	フレンチデピュティ	7-5-8-129	4.7%	8.1%	13.4%	24%	70%	
18	スタチューオブリバティ	6-10-14-129	3.8%	10.1%	18.9%	60%	66%	
19	メイショウオウドウ	6-10-9-151	3.4%	9.1%	14.2%	53%	118%	
20	キンシャサノキセキ	6-9-12-24	11.8%	29.4%	52.9%	44%	124%	

ショウサムソンは単勝回収率54%と苦戦しており、買うレースをしっかりと見極める必要がありそうだ。注目はメイショウ馬ランク7位の**プリサイスエンド(12-8-5-72)**。**単勝回収率254%**と際立っている。プリサイスエンドは全馬でも単勝回収率が95%と高いので、お買い得な馬といえる。ダートに強いメイショウ馬という観点では、**ゴールドアリュール(13-8-15-91)**がオススメだ。**単勝回収率144%**と飛び抜けており、ぜひ狙いたいところだ。ディープインパクトも全馬と比較すると、好走確率や回収率で上回っており、メイショウ馬で買うべき種牡馬といえる。

全馬 種牡馬別成績

順位	種牡馬	成績	勝率	連対率	複勝率	単勝回収率	複勝回収率
1	ディープインパクト	1174-1099-964-6639	11.9%	23.0%	32.8%	67%	76%
2	キングカメハメハ	958-879-827-7135	9.8%	18.7%	27.2%	80%	78%
3	ダイワメジャー	653-654-633-5749	8.5%	17.0%	25.2%	74%	74%
4	ハーツクライ	605-639-585-5300	8.5%	17.4%	25.7%	71%	76%
5	ステイゴールド	550-477-514-5293	8.0%	15.0%	22.5%	71%	75%
6	クロフネ	496-460-484-4952	7.8%	15.0%	22.5%	71%	70%
7	マンハッタンカフェ	479-468-438-4206	8.6%	16.9%	24.8%	70%	75%
8	ゴールドアリュール	462-434-384-4143	8.5%	16.5%	23.6%	84%	72%
9	ネオユニヴァース	420-448-451-4826	6.8%	14.1%	21.5%	64%	72%
10	ゼンノロブロイ	413-413-413-4603	7.1%	14.1%	21.2%	85%	78%
11	シンボリクリスエス	401-457-453-5133	6.2%	13.3%	20.3%	59%	67%
12	アドマイヤムーン	288-288-267-3037	7.4%	14.8%	21.7%	66%	75%
13	ハービンジャー	282-259-297-2568	8.3%	15.9%	24.6%	59%	73%
14	サウスヴィグラス	273-276-263-2741	7.7%	15.5%	22.9%	87%	82%
15	ジャングルポケット	240-247-278-3473	5.7%	11.5%	18.1%	77%	75%
16	エンパイアメーカー	232-212-212-2497	7.4%	14.1%	20.8%	81%	75%
17	フジキセキ	220-192-216-2164	7.9%	14.8%	22.5%	82%	77%
18	キンシャサノキセキ	214-234-219-2056	7.9%	16.5%	24.5%	66%	75%
19	サクラバクシンオー	211-164-128-1980	8.5%	15.1%	20.3%	69%	67%
20	ブラックタイド	190-182-220-2697	5.8%	11.3%	18.0%	72%	75%
21	メイショウボーラー	187-177-164-2576	6.0%	11.7%	17.0%	95%	70%
22	タイキシャトル	178-172-184-2586	5.7%	11.2%	17.1%	77%	70%
24	メイショウサムソン	169-176-177-2097	6.5%	13.2%	19.9%	76%	76%
27	プリサイスエンド	155-139-170-1866	6.7%	12.6%	19.9%	95%	74%
48	スズカマンボ	95-110-148-1715	4.6%	9.9%	17.1%	76%	78%

Racecourse

競馬場
新潟、福島、札幌、左回りの単勝馬券がお得

メイショウ馬の競馬場別成績を見てみよう。**お膝元の阪神（88-90-97-1167）や京都（106-102-101-1229）で数多くの馬が出走しており、主戦場だ**。この2つの競馬場の好走確率は平均的で、単勝回収率は今ひとつだ。次に出走回数が多いのは中京（42-38-45-585）と小倉（47-47-42-564）だ。**中京は全馬と比較すると単**

メイショウ馬 VS 全馬 徹底比較！

◎ 買い　中京競馬場／新潟競馬場
中山競馬場／直線競馬　消し ✕

メイショウ馬 競馬場別成績

場所	成績	勝率	連対率	複勝率	単勝回収率	複勝回収率
札幌	9-10-14-114	6.1%	12.9%	22.4%	128%	56%
函館	19-18-33-208	6.8%	13.3%	25.2%	61%	75%
福島	24-15-16-207	9.2%	14.9%	21.0%	113%	100%
新潟	21-16-28-232	7.1%	12.5%	21.9%	183%	96%
東京	22-17-19-245	7.3%	12.9%	19.1%	68%	57%
中山	19-13-14-202	7.7%	12.9%	18.5%	61%	52%
中京	42-38-45-585	5.9%	11.3%	17.6%	85%	88%
京都	106-102-101-1229	6.9%	13.5%	20.1%	59%	75%
阪神	88-90-97-1167	6.1%	12.3%	19.1%	63%	73%
小倉	47-47-42-564	6.7%	13.4%	19.4%	73%	72%
東開催	86-61-77-886	7.7%	13.2%	20.2%	108%	77%
西開催	283-277-285-3545	6.4%	12.8%	19.2%	67%	76%
中央開催	235-222-231-2843	6.7%	12.9%	19.5%	62%	71%
ローカル	162-144-178-1910	6.8%	12.8%	20.2%	96%	82%
右回り	312-295-317-3691	6.8%	13.2%	20.0%	68%	74%
左回り	85-71-90-1047	6.6%	12.1%	19.0%	104%	83%
直線	0-0-2-15	0.0%	0.0%	11.8%	0%	50%

複回収率がどちらも10ポイントほど上回るなど得意にしており、小倉は平均的だ。東日本の6競馬場はあまり出走していないが、**新潟（21-16-28-232）は単勝回収率が183％と高く**、福島（24-15-16-207）は単複回収率がどちらも100％を超えており、札幌（9-10-14-114）も単勝回収率が高い。一方、東京と中山はあまり成績が良くない。また、**左回り（85-71-90-1047）は単勝回収率が104％と好調**で、右回り（312-295-317-3691）は平均的といえる。

全馬　競馬場別成績

場所	成績	勝率	連対率	複勝率	単勝回収率	複勝回収率
札幌	601-600-603-5908	7.8%	15.6%	23.4%	75%	73%
函館	868-862-864-8156	8.1%	16.1%	24.1%	76%	77%
福島	1273-1273-1271-14872	6.8%	13.6%	20.4%	77%	74%
新潟	1538-1535-1540-18305	6.7%	13.4%	20.1%	71%	72%
東京	2816-2815-2813-33333	6.7%	13.5%	20.2%	66%	71%
中山	2506-2508-2505-29714	6.7%	13.5%	20.2%	68%	73%
中京	1584-1584-1588-19173	6.6%	13.2%	19.9%	73%	74%
京都	2905-2902-2914-31509	7.2%	14.4%	21.7%	77%	76%
阪神	2521-2526-2522-28003	7.1%	14.2%	21.3%	74%	73%
小倉	1298-1298-1293-15280	6.8%	13.5%	20.3%	74%	74%
東開催	8133-8131-8129-96224	6.7%	13.5%	20.2%	69%	72%
西開催	8308-8310-8317-93965	7.0%	14.0%	21.0%	75%	74%
中央開催	10748-10751-10754-122559	6.9%	13.9%	20.8%	71%	73%
ローカル	7162-7152-7159-81694	6.9%	13.9%	20.8%	74%	74%
右回り	11972-11969-11972-133442	7.1%	14.1%	21.2%	74%	74%
左回り	5814-5810-5817-69126	6.7%	13.4%	20.1%	69%	72%
直線	124-124-124-1685	6.0%	12.1%	18.1%	62%	68%

Course

コース

主戦場は京都と阪神、狙い目はローカルのダ1700、1800m

コース別成績では、上位のほとんどをダートコースが占めている。**上位4つは京都と阪神のダート1400、1800m**。1位の京都ダ1400m（29-29-17-236）は複勝率が24%と上々だ。2位の阪神ダ1800m（22-24-21-320）は単勝回収率が90%とまずまずの成績だ。**3位の阪神ダ1400m（20-24-25-195）は複勝回収率が**

メイショウ馬 VS 全馬 徹底比較!

◎ 買い　阪神ダ 1400 m／中京ダ 1800 m

阪神ダ 1200 m／小倉芝 1200 m　消し ✕

メイショウ馬 コース別成績

順位	コース	着別度数	勝率	連対率	複勝率	単勝回収率	複勝回収率	
1	京都ダ 1400 m	29-29-17-236	9.3%	18.6%	24.1%	79%	78%	P38
2	阪神ダ 1800 m	22-24-21-320	5.7%	11.9%	17.3%	90%	71%	P48
3	阪神ダ 1400 m	20-24-25-195	7.6%	16.7%	26.1%	62%	120%	P46
4	京都ダ 1800 m	20-21-21-244	6.5%	13.4%	20.3%	35%	97%	P40
5	京都ダ 1200 m	19-23-25-215	6.7%	14.9%	23.8%	34%	85%	P36
6	阪神ダ 1200 m	16-15-12-201	6.6%	12.7%	17.6%	38%	45%	P44
7	中京ダ 1800 m	15-9-9-106	10.8%	17.3%	23.7%	190%	111%	P54
8	小倉ダ 1700 m	13-14-13-168	6.3%	13.0%	19.2%	52%	82%	P56
9	函館ダ 1700 m	9-10-15-93	7.1%	15.0%	26.8%	72%	72%	P64
10	新潟ダ 1800 m	9-5-6-57	11.7%	18.2%	26.0%	235%	74%	P62
11	小倉芝 1200 m	8-14-11-152	4.3%	11.9%	17.8%	46%	52%	P58
12	中京ダ 1200 m	8-8-8-103	6.3%	12.6%	18.9%	42%	92%	P52
13	福島ダ 1700 m	8-2-6-60	10.5%	13.2%	21.1%	180%	91%	P61
14	阪神芝 1200 m	7-6-6-55	9.5%	17.6%	25.7%	97%	120%	P50
15	札幌ダ 1700 m	7-4-7-50	10.3%	16.2%	26.5%	221%	78%	P66
16	小倉芝 1800 m	7-1-3-68	8.9%	10.1%	13.9%	48%	83%	P60
17	中山ダ 1200 m	6-7-2-60	8.0%	17.3%	20.0%	37%	39%	P51
18	京都芝 2000 m	6-5-6-62	7.6%	13.9%	21.5%	46%	78%	P43
19	京都障 2910 m	6-4-5-25	15.0%	25.0%	37.5%	45%	83%	
20	京都芝 1200 m	6-3-7-77	6.5%	9.7%	17.2%	85%	66%	P42

120%と突出している。4〜6位の京都ダ1800m、京都ダ1200m、阪神ダ1200mはいずれも単勝回収率が30%台と低調で、1着狙いの馬券を買う場合は慎重になったほうがよさそうだ。**単勝回収率が150%以上なのは中京ダ1800m、新潟ダ1800m、福島ダ1700m、札幌ダ1700m**。芝コースで唯一成績が良いのは阪神芝1200m。複勝回収率が120%と好調だ。小倉芝1200m（8-14-11-152）は11位にランクインしているが、好走確率と回収率、どちらも低調だ。全体的には**ローカルのダート1700、1800mが好走確率が高く、回収率もよい**といえる。

全馬　コース別成績

順位	コース	着別度数	勝率	連対率	複勝率	単勝回収率	複勝回収率
1	中山ダ1800m	684-682-684-8217	6.7%	13.3%	20.0%	74%	77%
2	中山ダ1200m	656-655-655-8295	6.4%	12.8%	19.2%	60%	69%
3	京都ダ1800m	587-585-588-6193	7.4%	14.7%	22.1%	86%	80%
4	東京ダ1600m	559-560-556-6786	6.6%	13.2%	19.8%	70%	70%
5	阪神ダ1800m	559-559-560-6253	7.0%	14.1%	21.2%	80%	73%
6	東京ダ1400m	495-497-495-6272	6.4%	12.8%	19.2%	66%	73%
7	京都ダ1400m	436-437-436-5223	6.7%	13.4%	20.0%	74%	82%
8	小倉芝1200m	385-384-381-4984	6.3%	12.5%	18.7%	69%	73%
9	京都ダ1200m	383-383-384-4579	6.7%	13.4%	20.1%	72%	73%
10	阪神ダ1400m	374-375-376-4572	6.6%	13.1%	19.7%	62%	71%
11	東京芝1600m	365-366-366-4407	6.6%	13.3%	19.9%	61%	70%
12	新潟ダ1800m	327-325-328-3571	7.2%	14.3%	21.5%	77%	75%
13	福島ダ1700m	315-313-314-3615	6.9%	13.8%	20.7%	61%	69%
14	阪神ダ1200m	304-306-302-3703	6.6%	13.2%	19.8%	75%	69%
15	福島芝1200m	304-305-303-3729	6.6%	13.1%	19.7%	89%	76%
16	中山芝1600m	303-305-301-3536	6.8%	13.7%	20.4%	72%	70%
17	中京ダ1800m	301-301-302-3490	6.9%	13.7%	20.6%	82%	74%
18	東京芝1800m	300m-301-300m-3298	7.1%	14.3%	21.5%	64%	67%
19	小倉ダ1700m	297-298-296-3672	6.5%	13.0%	19.5%	85%	78%
20	東京芝1400m	296-296-296-3731	6.4%	12.8%	19.2%	71%	68%

Distance

距離
芝は非根幹距離、ダートは中距離で本領発揮

メイショウ馬にとって、芝コースは若干苦手な印象があるが、果たして本当だろうか？ 単純な比較だと、芝（120-103-142-1852）は複勝率16％、単勝回収率81％、複勝回収率66％。ダート（242-234-240-2665）は複勝率21％、単勝回収率74％、複勝回収率83％。**多くの数値でダートが上回っているが、単勝回収率は**

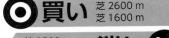

◎買い 芝2600m / 芝1600m

消し✗ 芝2500m / 芝3000m以上

メイショウ馬 芝コース

距離	成績	勝率	連対率	複勝率	単勝回収率	複勝回収率
1000m	0-0-2-15	0.0%	0.0%	11.8%	0%	50%
1200m	32-28-40-470	5.6%	10.5%	17.5%	61%	64%
1400m	15-11-12-237	5.5%	9.5%	13.8%	68%	63%
1500m	0-2-0-13	0.0%	13.3%	13.3%	0%	23%
1600m	17-12-22-279	5.2%	8.8%	15.5%	166%	74%
1700m	1-0-0-0	100.0%	100.0%	100.0%	1590%	390%
1800m	15-15-25-296	4.3%	8.5%	15.7%	49%	65%
2000m	21-24-27-357	4.9%	10.5%	16.8%	62%	60%
2200m	6-3-3-73	7.1%	10.6%	14.1%	132%	61%
2300m	0-0-0-1	0.0%	0.0%	0.0%	0%	0%
2400m	7-4-7-73	7.7%	12.1%	19.8%	88%	87%
2500m	0-1-0-11	0.0%	8.3%	8.3%	0%	23%
2600m	6-3-3-24	16.7%	25.0%	33.3%	197%	109%
3000m	0-0-0-3	0.0%	0.0%	0.0%	0%	0%
3200m	0-0-0-1	0.0%	0.0%	0.0%	0%	0%
3400m	0-0-1-1	0.0%	0.0%	50.0%	0%	155%
3600m	0-0-0-3	0.0%	0.0%	0.0%	0%	0%
全	120-103-142-1857	5.4%	10.0%	16.4%	81%	66%

芝が優勢だ。芝の距離別成績は、1600m（17-12-22-279）が単勝回収率166%を記録しているが、1200、1400、1800、2000mなどは好走確率、回収率ともに今ひとつだ。目立った成績を上げているのは**2200m（6-3-3-73）や2600m（6-3-3-24）などのイレギュラーな距離で、単勝回収率が高い**。一方、ダートの単勝回収率は1200m（51-58-57-623）が36%と低く、1400、1600mも平均を下回っている。**1700、1900、2000mなど長めの距離が単勝回収率100%を超えており**、好調だ。メイショウ馬は芝は非根幹距離に強く、ダートは中距離の単勝が狙い目といえる。

◎ 買い　ダ1700m　ダ1900m　ダ2000m

該当なし　消し ✕

メイショウ馬　ダートコース

距離	成績	勝率	連対率	複勝率	単勝回収率	複勝回収率
1000m	8-9-14-97	6.3%	13.3%	24.2%	33%	69%
1150m	2-5-3-33	4.7%	16.3%	23.3%	13%	200%
1200m	51-58-57-623	6.5%	13.8%	21.0%	36%	73%
1300m	4-2-1-16	17.4%	26.1%	30.4%	66%	53%
1400m	56-60-54-569	7.6%	15.7%	23.0%	67%	96%
1600m	4-4-5-57	5.7%	11.4%	18.6%	55%	70%
1700m	37-30-41-371	7.7%	14.0%	22.5%	102%	80%
1800m	68-60-58-768	7.1%	13.4%	19.5%	96%	84%
1900m	5-5-3-73	5.8%	11.6%	15.1%	137%	72%
2000m	3-0-0-25	10.7%	10.7%	10.7%	293%	51%
2100m	2-0-1-16	10.5%	10.5%	15.8%	77%	50%
2400m	2-1-2-26	6.5%	9.7%	16.1%	63%	60%
2500m	0-0-1-1	0.0%	0.0%	50.0%	0%	105%
全	242-234-240-2675	7.1%	14.0%	21.1%	74%	83%

Class

クラス
ダートの新馬は安定株、芝は1000万下が狙い目

クラス別の注目は、**ダートの新馬戦（19-6-17-113）だ**。勝率が12％と高く、単勝回収率も140％を記録している。芝の新馬戦（10-9-19-180）は勝率4％、単勝回収率53％なので、ダートの新馬戦は突出しているといえる。未勝利もダートが複勝率21％、複勝回収率81％に対して、芝は同16％、56％と、ダートが優勢だ。**新馬や未**

 芝コース

クラス	成績	勝率	連対率	複勝率	単勝回収率	複勝回収率	
新馬	10-9-16-180	4.7%	8.8%	16.3%	53%	51%	P108
未勝利	32-39-39-578	4.7%	10.3%	16.0%	65%	56%	P110
500万下	38-28-38-404	7.5%	13.0%	20.5%	92%	68%	P112
1000万下	23-16-28-304	6.2%	10.5%	18.1%	137%	92%	
1600万下	8-3-8-169	4.3%	5.9%	10.1%	84%	74%	
オープン特別	2-4-7-79	2.2%	6.5%	14.1%	16%	54%	
G3	3-1-6-79	3.4%	4.5%	11.2%	57%	79%	
G2	1-2-0-46	2.0%	6.1%	6.1%	8%	12%	
G1	3-1-0-18	13.6%	18.2%	18.2%	170%	63%	
重賞	7-4-6-144	4.3%	6.8%	10.6%	58%	56%	
牝馬限定	16-16-17-244	5.5%	10.9%	16.7%	65%	62%	P116
ハンデ戦	15-6-13-254	5.2%	7.3%	11.8%	78%	58%	P115
平場	76-64-81-1068	5.9%	10.9%	17.1%	76%	60%	
特別	44-39-61-789	4.7%	8.9%	15.4%	87%	74%	
2歳限定	19-17-24-288	5.5%	10.3%	17.2%	76%	52%	
3歳限定	38-37-42-581	5.4%	10.7%	16.8%	75%	60%	
3歳以上	39-34-47-573	5.6%	10.5%	17.3%	103%	83%	
4歳以上	24-15-29-415	5.0%	8.1%	14.1%	61%	59%	

勝利では芝よりもダートを狙おう。芝のオススメは1000万下（23-16-28-304）。勝率は6％と平均的だが、**単勝回収率が137％**と高い。人気薄での激走に期待できそうだ。500万下と1600万下の芝も単勝回収率はまずまずだ。ダートの重賞（2-0-2-23）は好走確率は高くないが、単勝回収率322％、複勝回収率105％と群を抜いている。17年に11番人気でシリウスSを勝利したメイショウミトモなどのように波乱を演出するので、覚えておこう。芝のG1の単勝回収率が170％と高いのは、やや低評価だったメイショウマンボが3つのタイトルを獲得したことによる。

◎ 買い　ダートの新馬／ダートの1000万下

ダートの1600万下／ダートのオープン特別　消し ✕

メイショウ馬　ダートコース

クラス	成績	勝率	連対率	複勝率	単勝回収率	複勝回収率
新馬	19-6-17-113	12.3%	16.1%	27.1%	140%	86%
未勝利	87-110-105-1082	6.3%	14.2%	21.8%	72%	81%
500万下	88-73-67-894	7.8%	14.3%	20.3%	70%	83%
1000万下	31-33-33-360	6.8%	14.0%	21.2%	68%	102%
1600万下	9-7-10-110	6.6%	11.8%	19.1%	41%	55%
オープン特別	6-5-6-93	5.5%	10.0%	15.5%	58%	46%
G3	2-0-1-20	8.7%	8.7%	13.0%	378%	84%
G2	0-0-1-0	0.0%	0.0%	100.0%	0%	910%
G1	0-0-0-3	0.0%	0.0%	0.0%	0%	0%
重賞	2-0-2-23	7.4%	7.4%	14.8%	322%	105%
牝馬限定	36-31-29-451	6.6%	12.2%	17.6%	78%	80%
ハンデ戦	11-5-9-114	7.9%	11.5%	18.0%	170%	79%
平場	207-206-201-2229	7.3%	14.5%	21.6%	72%	86%
特別	35-28-39-446	6.4%	11.5%	18.6%	88%	68%
2歳限定	37-24-28-225	11.8%	19.4%	28.3%	114%	85%
3歳限定	85-107-107-1111	6.0%	13.6%	21.2%	70%	81%
3歳以上	55-54-57-760	5.9%	11.8%	17.9%	75%	77%
4歳以上	65-49-48-579	8.8%	15.4%	21.9%	65%	93%

Popular

人気 — 3、5、7番人気のメイショウ馬はお買い得、穴なら15番人気

ここでは単勝人気別ランキングを比較しよう。1、2番人気はほぼ互角だが、複勝率や単複回収率でわずかにメイショウ馬が上回っている。**3番人気はメイショウ馬（62-51-54-212）が複勝率44％、単勝回収率106％と際立っており**、全馬の同40％、79％と比較してもかなり優勢だ。5番人気もメイショウ馬（36-34-44-289）

メイショウ馬 VS 全馬 徹底比較！

◎ 買い　3番人気／15番人気
8番人気／9番人気　消し ✕

メイショウ馬 単勝人気別成績

人気	着別度数	勝率	連対率	複勝率	単勝回収率	複勝回収率	
1	111-53-48-120	33.4%	49.4%	63.9%	80%	83%	P118
2	67-75-49-178	18.2%	38.5%	51.8%	87%	85%	
3	62-51-54-212	16.4%	29.8%	44.1%	106%	88%	
4	39-37-54-254	10.2%	19.8%	33.9%	84%	83%	
5	36-34-44-289	8.9%	17.4%	28.3%	92%	82%	
6	19-22-31-336	4.7%	10.0%	17.6%	70%	62%	
7	24-24-33-364	5.4%	10.8%	18.2%	107%	86%	
8	10-23-31-368	2.3%	7.6%	14.8%	53%	81%	
9	7-12-17-338	1.9%	5.1%	9.6%	56%	71%	
10〜	22-35-48-2294	0.9%	2.4%	4.4%	67%	69%	P119
15	3-2-2-259	1.1%	1.9%	2.6%	130%	85%	

が単勝回収率92％で、全馬は79％と、メイショウ馬が優る。また、7番人気のメイショウ馬は単勝回収率107％と高く、全馬の82％に大差をつけている。このように、**3、5、7番人気のメイショウ馬は好成績を残している**。逆にメイショウ馬の成績が今ひとつなのは8番人気で、単勝回収率が53％と全馬の77％よりも低い。9番人気もメイショウ馬は劣勢で単勝回収率56％だ。二桁人気はメイショウ馬も全馬もあまり変わらない。ちなみに二桁人気の中でメイショウ馬のオススメは**15番人気（3-2-2-259）で、単勝回収率は130％を記録**しており、群を抜いている。

全馬　単勝人気別成績

人気	着別度数	勝率	連対率	複勝率	単勝回収率	複勝回収率
1	5763-3351-2283-6494	32.2%	50.9%	63.7%	78%	83%
2	3292-3250-2401-8948	18.4%	36.6%	50.0%	78%	82%
3	2299-2471-2451-10671	12.8%	26.7%	40.4%	79%	80%
4	1719-2022-2152-11999	9.6%	20.9%	32.9%	80%	79%
5	1281-1606-1809-13197	7.2%	16.1%	26.2%	79%	77%
6	995-1318-1611-13956	5.6%	12.9%	21.9%	82%	79%
7	734-1011-1261-14846	4.1%	9.8%	16.8%	82%	77%
8	520-801-1064-15363	2.9%	7.4%	13.4%	77%	78%
9	407-586-840-15630	2.3%	5.7%	10.5%	74%	76%
10〜	900-1487-2041-93149	0.9%	2.4%	4.5%	62%	64%

M or F and age

性齢 意外と高齢牝馬の複勝回収率が高い！

メイショウ馬の**牡馬は2歳が複勝率24％と高く、5歳まで複勝率20％台をキープしており**、なかなか堅実だ。とくに2、5歳は単勝回収率100％オーバーのため、お買い得といえる。6歳を超えると一気に成績が落ちる傾向にあり、7歳以上は手を出しづらい。一方、牝馬は意外な結果となった。2〜4歳までは複勝率が20％を切っており、やや低調。5、6歳は複勝率20％を超える。そして**6歳以上になると複勝回収率が100％を上回る**。数は少ないが、**高齢牝馬が狙い**といえる。

◎ 買い　牡2歳、5歳　6歳以上の牝

7歳以上の牝馬の単　消し ✕

メイショウ馬　性齢別成績

性別	年齢	成績	勝率	連対率	複勝率	単勝回収率	複勝回収率
牡	2歳	39-32-34-319	9.2%	16.7%	24.8%	106%	75%
牡	3歳	104-120-116-1222	6.7%	14.3%	21.8%	70%	72%
牡	4歳	73-48-48-596	9.5%	15.8%	22.1%	83%	65%
牡	5歳	51-35-51-435	8.9%	15.0%	24.0%	135%	109%
牡	6歳	15-15-19-290	4.4%	8.8%	14.5%	71%	78%
牡	7歳以上	16-14-13-297	4.7%	8.8%	12.6%	39%	56%
牝	2歳	17-9-18-194	7.1%	10.9%	18.5%	72%	55%
牝	3歳	50-56-64-874	4.8%	10.2%	16.3%	67%	76%
牝	4歳	17-12-19-261	5.5%	9.4%	15.5%	44%	80%
牝	5歳	11-17-14-159	5.5%	13.9%	20.9%	50%	66%
牝	6歳	4-6-8-72	4.4%	11.1%	20.0%	52%	127%
牝	7歳以上	0-2-5-34	0.0%	4.9%	17.1%	0%	107%

全馬　性齢別成績

性別	年齢	成績	勝率	連対率	複勝率	単勝回収率	複勝回収率
牡	2歳	1948-1869-1841-17899	8.3%	16.2%	24.0%	76%	74%
牡	3歳	4686-4525-4441-46748	7.8%	15.3%	22.6%	74%	76%
牡	4歳	2738-2671-2424-22363	9.1%	17.9%	25.9%	77%	77%
牡	5歳	1639-1598-1757-16921	7.5%	14.8%	22.8%	80%	79%
牡	6歳	650-744-784-10743	5.0%	10.8%	16.9%	77%	76%
牡	7歳以上	310-415-482-8135	3.3%	7.8%	12.9%	51%	61%
牝	2歳	1130-1207-1234-14973	6.1%	12.6%	17.7%	65%	70%
牝	3歳	2790-2816-2832-39104	5.9%	11.8%	17.7%	68%	69%
牝	4歳	1276-1234-1206-14223	7.1%	14.0%	20.7%	70%	72%
牝	5歳	590-649-679-9122	5.3%	11.2%	17.4%	79%	72%
牝	6歳	138-156-199-3176	3.8%	8.0%	13.4%	77%	72%
牝	7歳以上	15-19-34-846	1.6%	3.7%	7.4%	31%	44%

Running style

脚質 ダートの逃げが高回収率 芝の差しも侮れない！

メイショウ馬の脚質別特徴で目立つのは、**ダートの逃げ（74-40-36-150）**だ。**複勝率が50%**と抜群に高く、全馬の42%を大きく上回っている。また、**複勝回収率も164%**と高く、全馬の141%と比べてかなり差をつけている。逆に芝は全体的に低調で、ほとんどの項目で全馬を下回っている。そんな中、まずまず好調なのが**芝の差し（34-39-58-66）**で、**単勝回収率は96%**と高く、全馬の62%と比較すると飛び抜けているといえる。

メイショウ馬 VS 全馬 徹底比較！

○買い ダートの逃げ　芝の差し

追込　消し✕

メイショウ馬 脚質別成績

芝／ダ	脚質	成績	勝率	連対率	複勝率	単勝回収率	複勝回収率
芝	逃げ	22-13-16-122	12.7%	20.2%	29.5%	159%	97%
	先行	52-40-41-356	10.6%	18.8%	27.2%	131%	93%
	差し	34-39-58-666	4.3%	9.2%	16.4%	96%	71%
	追込	10-10-25-705	1.3%	2.7%	6.0%	12%	33%
	マクリ	2-1-2-5	20.0%	30.0%	50.0%	220%	252%
ダート	逃げ	74-40-36-150	24.7%	38.0%	50.0%	152%	164%
	先行	103-104-88-452	13.8%	27.7%	39.5%	125%	117%
	差し	45-67-85-994	3.8%	9.4%	16.5%	60%	82%
	追込	13-17-25-1060	1.2%	2.7%	4.9%	22%	36%
	マクリ	7-6-6-15	20.6%	38.2%	55.9%	481%	170%

全馬 脚質別成績

芝／ダ	脚質	成績	勝率	連対率	複勝率	単勝回収率	複勝回収率
芝	逃げ	1370-942-775-5927	15.2%	25.6%	34.2%	193%	136%
	先行	3393-3442-3016-20619	11.1%	22.4%	32.3%	103%	102%
	差し	2904-3155-3463-37001	6.2%	13.0%	20.5%	62%	71%
	追込	794-944-1250-33528	2.2%	4.8%	8.2%	25%	32%
	マクリ	152-128-114-451	18.0%	33.1%	46.6%	143%	125%
ダート	逃げ	1799-1207-841-5240	19.8%	33.1%	42.3%	195%	141%
	先行	4222-4183-3523-18127	14.0%	28.0%	39.7%	131%	126%
	差し	1966-2447-3124-38723	4.2%	9.5%	16.3%	55%	63%
	追込	468-636-1005-37719	1.2%	2.8%	5.3%	21%	29%
	マクリ	185-162-145-444	19.8%	37.1%	52.6%	201%	162%
	7歳以上	15-19-34-846	1.6%	3.7%	7.4%	31%	44%

メイショウ馬、主要6項目ビッグ12相関図

メイショウ馬の主要項目同士の相性はどうだろうか？ 騎手、調教師、生産者、種牡馬、母父、コースの6項目から上位2つずつピックアップして、それらの相性を一覧表示する。同じ項目内でも傾向がはっきり分かれるケースがある。第3、4章では、これらの項目ごとに細かく分析している。

	騎手		調教師	
	武豊騎手	池添謙一騎手	南井克巳厩舎	本田優厩舎
武豊騎手			○ 488	△ 213
池添謙一騎手			△ 260	△ 141
南井克巳厩舎	○ 488	△ 260		
本田優厩舎	△ 213	△ 141		
三嶋牧場	○ 303	○ 387	○ 388	○ 388
太陽牧場	○ 323	△ 140	○ 336	△ 100
父メイショウボーラー	◎ **520**	○ 483	◎ **915**	○ 376
父メイショウサムソン	△ 214	× 59	△ 164	△ 238
母父ダンスインザダーク	△ 257	○ 376	○ 322	△ 290
母父サンデーサイレンス	○ 346	× 0	× 94	× 0
京都ダ1400m	◎ **505**	◎ **537**	△ 234	○ 412
阪神ダ1800m	△ 265	○ 405	◎ **526**	△ 170

メイショウ相性とは?

(勝率×6)+(連対率×4)+(複勝率×2)+単勝回収率+複勝回収率の値をメイショウ相性とします。これを◎(500〜)、○(300〜499)、△(100〜299)、×(〜99)の4つに分類しました。例えば、武豊騎手が南井克巳厩舎のメイショウ馬に騎乗した場合は勝率15%、連対率25%、複勝率35%、単勝回収率103%、複勝回収率125%なのでメイショウ相性は488になり、相性はまずまずの○。競馬新聞の馬柱にメイショウ馬を見つけたら、この一覧に照らし合わせて、大まかな判断をしてください。

生産者		種牡馬		母父		コース	
三嶋牧場	太陽牧場	父メイショウボーラー	父メイショウサムソン	母父ダンスインザダーク	母父サンデーサイレンス	京都ダ1400m	阪神ダ1800m
○ 303	○ 323	◎ **520**	△ 214	△ 257	○ 346	◎ **505**	△ 265
○ 387	△ 140	○ 483	× 59	○ 376	× 0	◎ **537**	○ 405
○ 388	○ 336	◎ **915**	△ 164	○ 322	× 94	△ 234	◎ **526**
○ 388	△ 100	○ 376	△ 238	△ 290	× 0	○ 412	△ 170
		○ 390	△ 214	△ 253	△ 248	○ 342	○ 392
		○ 462	○ 355	× 0	× 16	△ 288	△ 204
○ 390	○ 462			△ 286	△ 214	○ 418	◎ **524**
△ 214	○ 355			△ 245	△ 276	△ 191	△ 228
△ 253	× 0	△ 286	△ 245			○ 475	○ 322
△ 248	× 16	△ 214	△ 276			△ 160	△ 133
○ 342	△ 288	○ 418	△ 191	○ 475	△ 160		
○ 392	△ 204	◎ **524**	△ 228	○ 322	△ 133		

33

第3章と第4章の見方

P36の「京都ダート1200m」のページを使って、第3章と第4章のページの見方を紹介します。

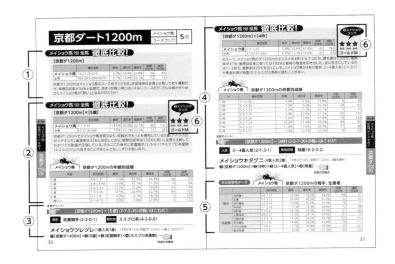

①まず、このページの主役(京都ダ1200m)をメイショウ馬と全馬で比較します。
②次に、このページの主役(京都ダ1200m)を、主要データ(年齢)の中から、メイショウ馬の成績が良いもの(5歳)と掛け合わせ、このデータもメイショウ馬と全馬で比較します。
③さらにもう2つ、メイショウ馬の成績がよいデータ(武豊騎手、母父ミスプロ系)を掛け合わせ、以上の4つの条件による「好走の方程式」を作成し、過去に当てはまったメイショウ馬を紹介します。
④見開きページの場合、②と③をもう1パターン作成します。
⑤その他の参考データです。

第3章
メイショウ馬の好走パターン1

この章では「メイショウ馬」をコース別に検証。
全馬と比較しながらメイショウ馬の
コース別「好走の方程式」を作成します。

---

⑥超メイショウランクとは?

超メイショウランクとは、メイショウ馬の単勝回収率と複勝回収率を足した数と、全馬の単勝回収率と複勝回収率を足した数を比較したものです。メイショウ馬が**40以上**上回っていると「**ゴールドM**」、**20～39**上回れば「**シルバーM**」、**1～19**上回ると「**ブロンズM**」、数値が同じもしくはメイショウ馬が下回る場合は「**無印**」となります。このランクはメイショウ馬の回収率の優劣を現したものではなく、全馬と比較してメイショウ馬がお買い得かどうかの目印です。3章と4章にこのランクが登場します。

ゴールドM	シルバーM	ブロンズM	なし
★★★	★★	★	無印
(40以上)	(20～39)	(1～19)	(0以下)

京都ダート1200m

| メイショウ馬コースランク | 5位 |

メイショウ馬 VS 全馬 徹底比較!

【京都ダ1200m】

	着別度数	勝率	連対率	複勝率	単勝回収率	複勝回収率
メイショウ馬	19-23-25-215	6.7%	14.9%	23.8%	34%	85%
全馬	383-383-384-4579	6.7%	13.4%	20.1%	72%	73%

京都ダ1200mはメイショウ馬のコース別ランク5位。好走確率は全馬と比較して若干優勢だが、単勝回収率が34%と低調だ。あまりお買い得とはいえないコースだが、どんな組み合わせだとメイショウ馬が「買い」となるのだろうか?

メイショウ馬 VS 全馬 徹底比較!

【京都ダ1200m】×【5歳】

	着別度数	勝率	連対率	複勝率	単勝回収率	複勝回収率
メイショウ馬	7-7-3-35	13.5%	26.9%	32.7%	80%	132%
全馬	61-71-60-681	7.0%	15.1%	22.0%	71%	85%

超メイショウランク ★★★ ゴールドM

京都ダ1200mでメイショウ馬を買うなら、年齢別でもっとも勝利している**5歳(7-7-3-35)**がイチオシだ。複勝率は32%と安定しており、複勝回収率は132%と高い。全馬と比較してもすべての数値で圧倒している。さらにこの条件に**武豊騎手(2-2-0-1)**や**ミスプロ系産駒(4-2-0-0)**だと凡走することがほとんどない。ぜひお試しあれ。

京都ダ1200mの年齢別成績

年齢	着別度数	勝率	連対率	複勝率	単勝回収率	複勝回収率
2歳	3-6-1-31	7.3%	22.0%	24.4%	26%	50%
3歳	4-8-13-94	3.4%	10.1%	21.0%	19%	84%
4歳	5-0-3-33	12.2%	12.2%	19.5%	53%	49%
5歳	7-7-3-35	13.5%	26.9%	32.7%	80%	132%
6歳	0-1-1-9	0.0%	9.1%	18.2%	0%	104%
7歳以上	0-1-4-13	0.0%	5.6%	27.8%	0%	110%

注目ポイント!

【京都ダ1200m】×【5歳】(7-7-3-35)の狙いはこれだ!

| 騎手 | 武豊騎手(2-2-0-1) | 種牡馬 | ミスプロ系(4-2-0-0) |

メイショウツレヅレ(1番人気1着)　14年5月31日、京都ダ1200m、4歳上1000万下

❶【京都ダ1200m】×❷【5歳】×❸【武豊騎手】×❹【ミスプロ系産駒】

好走の方程式

メイショウ馬 VS 全馬 徹底比較!

【京都ダ1200m】×【4枠】

	着別度数	勝率	連対率	複勝率	単勝回収率	複勝回収率
メイショウ馬	2-5-7-20	5.9%	20.6%	41.2%	43%	192%
全馬	47-42-51-583	6.5%	12.3%	19.4%	92%	65%

超メイショウランク ★★★ ゴールドM

もう一つ、メイショウ馬のダ1200mのオススメは**4枠(2-5-7-20)**だ。勝ち星は2つだが、複勝率が41%、複勝回収率に至っては192%と破格の数値を叩き出した。逆に苦手にしているのは1～2枠で、複勝率は20%を切っている。メイショウ馬が4枠の場合、**単勝3～4番人気(2-1-3-1)**や馬場状態が**稍重(0-2-3-2)**だと馬券に絡むことが多い。

メイショウ馬 京都ダ1200mの枠番別成績

枠	着別度数	勝率	連対率	複勝率	単勝回収率	複勝回収率
1枠	1-1-2-30	2.9%	5.9%	11.8%	8%	28%
2枠	3-1-3-36	7.0%	9.3%	16.3%	28%	42%
3枠	0-5-1-23	0.0%	17.2%	20.7%	0%	70%
4枠	2-5-7-20	5.9%	20.6%	41.2%	43%	192%
5枠	2-3-5-26	5.6%	13.9%	27.8%	18%	144%
6枠	5-2-1-24	15.6%	21.9%	25.0%	98%	80%
7枠	4-2-3-25	11.8%	17.6%	26.5%	77%	48%
8枠	2-4-3-31	5.0%	15.0%	22.5%	8%	83%

注目ポイント!

【京都ダ1200m】×【4枠】(2-5-7-20)の狙いはこれだ!

単勝人気 3～4番人気(2-1-3-1)　**馬場状態** 稍重(0-2-3-2)

メイショウキタグニ(4番人気3着)　18年2月18日、京都ダ1200m、3歳未勝利

❶【京都ダ1200m】×❷【4枠】×❸【3～4番人気】×❹【稍重】

好走の方程式

その他参考データ　 メイショウ馬

京都ダ1200mの騎手、生産者別成績

		着別度数	勝率	連対率	複勝率	単勝回収率	複勝回収率
騎手	池添謙一	6-0-1-17	25.0%	25.0%	29.2%	158%	67%
	武豊	5-5-3-12	20.0%	40.0%	52.0%	42%	82%
	城戸義政	2-2-0-16	10.0%	20.0%	20.0%	76%	77%
	幸英明	1-1-2-10	7.1%	14.3%	28.6%	72%	88%
	荻野極	1-1-0-4	16.7%	33.3%	33.3%	51%	60%
生産者	太陽牧場	4-5-2-21	12.5%	28.1%	34.4%	51%	73%
	三嶋牧場	4-3-3-18	14.3%	25.0%	35.7%	103%	102%
	多田善弘	3-1-3-9	18.8%	25.0%	43.8%	76%	171%
	日の出牧場	1-3-0-9	7.7%	30.8%	30.8%	35%	141%
	冨田牧場	1-2-0-8	9.1%	27.3%	27.3%	96%	100%

京都ダート1400m

| メイショウ馬コースランク | 1位 |

メイショウ馬 VS 全馬 徹底比較!

【京都ダ1400m】

	着別度数	勝率	連対率	複勝率	単勝回収率	複勝回収率
メイショウ馬	29-29-17-236	9.3%	18.6%	24.1%	79%	78%
全馬	436-437-436-5223	6.7%	13.4%	20.0%	74%	82%

超メイショウランク

ブロンズM

京都ダ1400mはメイショウ馬の中で最も勝利数の多いコースだ。全馬との比較では、勝率や連対率、複勝率はメイショウ馬が勝っているが、回収率はほぼ互角。メイショウ馬はお買い得というわけではないようだ。

メイショウ馬 VS 全馬 徹底比較!

【京都ダ1400m】×【武豊騎手】

	着別度数	勝率	連対率	複勝率	単勝回収率	複勝回収率
メイショウ馬	5-3-2-15	20.0%	32.0%	40.0%	101%	76%
全馬	25-19-19-111	14.4%	25.3%	36.2%	60%	77%

超メイショウランク ★★★ ゴールドM

京都ダ1400mでメイショウ馬に騎乗してもっとも好成績を残しているのは**武豊騎手で、複勝率は40%**と高い。武豊騎手は全馬の京都ダ1400mも複勝率36%と得意にしているが、回収率という点ではメイショウ馬が凌駕している。それ以外の騎手では回収率は太宰啓介騎手、複勝率は浜中俊騎手がオススメ。なお、武豊騎手が京都ダ1400mでメイショウ馬に乗ったときは、**母父ミスプロ系(4-3-2-3)**だと成績が良く、サンデー系(0-0-0-4)は結果を残せていない。

京都ダ1400mの騎手別成績(勝利数順)

騎手	着別度数	勝率	連対率	複勝率	単勝回収率	複勝回収率
武豊	5-3-2-15	20.0%	32.0%	40.0%	101%	76%
池添謙一	4-1-1-14	20.0%	25.0%	30.0%	174%	83%
秋山真一	3-1-0-11	20.0%	26.7%	26.7%	134%	77%
太宰啓介	2-3-0-11	12.5%	31.3%	31.3%	264%	101%
浜中俊	2-2-1-2	28.6%	57.1%	71.4%	128%	115%

注目ポイント!

【京都ダ1400m】×【武豊騎手】(5-3-2-15)の狙いはこれだ!

| 母父 | ミスプロ系(4-3-2-3) | 年齢 | 2歳(1-2-1-1) |

メイショウテムズ(1番人気1着)　16年10月22日、京都ダ1400m、2歳新馬

❶【京都ダ1400m】×❷【武豊騎手】×❸【母父ミスプロ系】×❹【2歳】

好走の方程式

メイショウ馬 VS 全馬 徹底比較！

【京都ダ1400m】×【メイショウボーラー産駒】

超メイショウランク

	着別度数	勝率	連対率	複勝率	単勝回収率	複勝回収率
メイショウ馬	8-11-4-46	11.6%	27.5%	33.3%	75%	97%
全馬	14-15-7-127	8.6%	17.8%	22.1%	73%	63%

シルバーM

京都ダ1400mでメイショウ馬の種牡馬別成績は、**メイショウボーラー産駒(8-11-4-46)**が勝ち星では最多。全馬との比較でも、上々の成績といえる。ただし単勝回収率ではアグネスデジタル産駒が157%、マヤノトップガン産駒が193%と圧倒的な数字を残している。ちなみに京都ダ1400mのメイショウボーラー産駒の狙いは**未勝利戦(3-7-2-16)**だ。新馬(0-1-0-10)と比較すると、その差は歴然としている。

京都ダ1400mの種牡馬別成績（勝利数順）

種牡馬	着別度数	勝率	連対率	複勝率	単勝回収率	複勝回収率
メイショウボーラー	8-11-4-46	11.6%	27.5%	33.3%	75%	97%
アグネスデジタル	4-3-0-10	23.5%	41.2%	41.2%	157%	86%
マヤノトップガン	4-1-0-10	26.7%	33.3%	33.3%	193%	96%
フレンチデピュティ	2-0-1-9	16.7%	16.7%	25.0%	53%	45%
スズカマンボ	1-3-1-5	10.0%	40.0%	50.0%	12%	80%

注目ポイント！

【京都ダ1400m】×【メイショウボーラー産駒】(8-11-4-46)の狙いはこれだ！

クラス 未勝利(3-7-2-16) **脚質** 逃げ(1-3-2-5)

メイショウバイタル（5番人気2着） 18年1月13日、京都ダ1400m、3歳未勝利

❶【京都ダ1400m】×❷【メイショウボーラー産駒】×❸【未勝利】×❹【逃げ】

好走の方程式

その他参考データ 京都ダ1400mの母父、年齢別成績

		着別度数	勝率	連対率	複勝率	単勝回収率	複勝回収率
母父	ダンスインザダーク	5-3-0-18	19.2%	30.8%	30.8%	111%	64%
	デヒア	5-1-0-13	26.3%	31.6%	31.6%	190%	85%
	スキャン	2-3-1-9	13.3%	33.3%	40.0%	22%	62%
	グラスワンダー	2-1-0-7	20.0%	30.0%	30.0%	110%	119%
	アフリート	1-5-0-3	11.1%	66.7%	66.7%	53%	150%
年齢	2歳	7-7-3-21	18.4%	36.8%	44.7%	213%	111%
	3歳	13-15-10-133	7.6%	16.4%	22.2%	47%	62%
	4歳	8-7-2-35	15.4%	28.8%	32.7%	151%	156%
	5歳	1-0-2-25	3.6%	3.6%	10.7%	22%	47%
	6歳	0-0-0-12	0.0%	0.0%	0.0%	0%	0%
	7歳以上	0-0-0-10	0.0%	0.0%	0.0%	0%	0%

京都ダート1800m

| メイショウ馬コースランク | 4位 |

メイショウ馬 VS 全馬 徹底比較!

【京都ダ1800m】

	着別度数	勝率	連対率	複勝率	単勝回収率	複勝回収率
メイショウ馬	20-21-21-244	6.5%	13.4%	20.3%	35%	97%
全馬	587-585-588-6166	7.4%	14.8%	22.2%	86%	80%

京都ダ1800mはメイショウ馬のコース別ランクで4位。全馬との比較では複勝回収率は上回っているが、それ以外は分が悪い。とくに単勝回収率は35%と低く、あまりオススメできない。多くのメイショウ馬が出走しているコースだが、成績は今ひとつのようだ。

メイショウ馬 VS 全馬 徹底比較!

【京都ダ1800m】×【単勝1番人気】

	着別度数	勝率	連対率	複勝率	単勝回収率	複勝回収率
メイショウ馬	10-4-2-4	50.0%	70.0%	80.0%	123%	96%
全馬	164-135-79-208	28.0%	51.0%	64.5%	64%	81%

超メイショウランク ★★★ ゴールドM

あまり成績がよくない京都ダ1800m。ここでメイショウ馬を買うなら**単勝1番人気(10-4-2-4)**がオススメだ。連対率70%、複勝率80%と堅実で、単勝回収率も123%と上々だ。全馬との比較でも、すべての項目で勝っている。さらにこの条件に**母父ノーザンダンサー系(1-3-0-0)や500万下(3-2-0-0)**を追加すれば、鬼に金棒といえる。

京都ダ1800mの単勝人気別成績

単勝人気	着別度数	勝率	連対率	複勝率	単勝回収率	複勝回収率
1	10-4-2-4	50.0%	70.0%	80.0%	123%	96%
2	4-2-3-11	20.0%	30.0%	45.0%	95%	85%
3	2-3-1-8	14.3%	35.7%	42.9%	107%	73%
4〜6	3-5-7-52	4.5%	11.9%	22.4%	48%	57%
7〜9	1-4-4-54	1.6%	7.9%	14.3%	26%	81%
10〜	0-3-4-115	0.0%	2.5%	5.7%	0%	133%

注目ポイント!

【京都ダ1800m】×【単勝1番人気】(10-4-2-4)の狙いはこれだ!

| 母父 | ノーザンダンサー系(1-3-0-0) | クラス | 500万下(3-2-0-0) |

メイショウササユリ(1番人気1着)　17年10月8日、京都ダ1800m、3歳上500万下

❶【京都ダ1800m】×❷【1番人気】×❸【母父ノーザンダンサー系】×❹【500万下】

メイショウ馬 vs 全馬 徹底比較！

【京都ダ1800m】×【4歳以上】

	着別度数	勝率	連対率	複勝率	単勝回収率	複勝回収率
メイショウ馬	7-7-12-75	6.9%	13.9%	25.7%	42%	176%
全馬	207-216-231-2314	7.0%	14.3%	22.0%	70%	78%

超メイショウランク ★★★ ゴールドM

もう一つ、京都ダ1800mにおけるメイショウ馬の狙い目は、年齢が**4歳以上(7-7-12-75)**だ。勝率や複勝率は平均的で、単勝回収率は42%と低い。ところが、**複勝回収率が176%**と並はずれた数字なのだ。とくに**最終レース(1-5-4-12)**で**5〜6枠(4-3-4-13)**にメイショウ馬を見つけた場合は、複勝などで押さえておくと面白いかもしれない。

 京都ダ1800mの年齢別成績

年齢	着別度数	勝率	連対率	複勝率	単勝回収率	複勝回収率
2歳	3-0-4-25	9.4%	9.4%	21.9%	38%	63%
3歳	10-14-5-144	5.8%	13.9%	16.8%	30%	58%
4歳	6-4-5-36	11.8%	19.6%	29.4%	74%	84%
5歳	1-3-4-26	2.9%	11.8%	23.5%	14%	249%
6歳	0-0-3-8	0.0%	0.0%	27.3%	0%	460%
7歳以上	0-0-0-5	0.0%	0.0%	0.0%	0%	0%
4歳以上	7-7-12-75	6.9%	13.9%	25.7%	42%	176%

注目ポイント！

【京都ダ1800m】×【4歳以上】(7-7-12-75)の狙いはこれだ！

| 競走番号 | 最終レース(1-5-4-12) | 枠 | 5〜6枠(4-3-4-13) |

メイショウブーケ（14番人気3着）　17年5月6日、京都ダ1800m、4歳上1000万下

❶【京都ダ1800m】×❷【4歳以上】×❸【最終レース】×❹【5〜6枠】

好走の方程式

  京都ダ1800mの種牡馬、厩舎別成績

		着別度数	勝率	連対率	複勝率	単勝回収率	複勝回収率
種牡馬	メイショウボーラー	5-2-1-26	14.7%	20.6%	23.5%	107%	43%
	プリサイスエンド	2-3-1-9	13.3%	33.3%	40.0%	34%	104%
	メイショウサムソン	2-2-3-41	4.2%	8.3%	14.6%	17%	68%
	シニスターミニスター	2-0-0-8	20.0%	20.0%	20.0%	65%	33%
	シンボリクリスエス	1-3-0-3	14.3%	57.1%	57.1%	30%	160%
厩舎	(栗東)庄野靖志	4-0-1-6	36.4%	36.4%	45.5%	158%	83%
	(栗東)本田優	3-3-3-22	9.7%	19.4%	29.0%	75%	280%
	(栗東)安達昭夫	2-2-1-30	5.7%	11.4%	14.3%	14%	33%
	(栗東)角田晃一	1-3-3-14	4.8%	19.0%	33.3%	17%	137%
	(栗東)本田優	3-3-3-22	9.7%	19.4%	29.0%	75%	280%

京都芝1200m

| メイショウ馬 コースランク | 20位 |

メイショウ馬 VS 全馬 徹底比較!

【京都芝1200m】

	着別度数	勝率	連対率	複勝率	単勝回収率	複勝回収率
メイショウ馬	6-3-7-77	6.5%	9.7%	17.2%	85%	66%
全馬	150-150-153-1750	6.8%	13.6%	20.6%	89%	83%

ダートと比べて芝の成績は今ひとつのメイショウ馬。そんな中、京都芝1200mはコース別メイショウ馬ランキングで勝ち星20位とまずまずの成績を残している。ただし全馬と比較した場合は、複勝率や複勝回収率で下回っており、あまりお買い得とはいえないようだ。

メイショウ馬 VS 全馬 徹底比較!

【京都芝1200m】×【1枠】

	着別度数	勝率	連対率	複勝率	単勝回収率	複勝回収率
メイショウ馬	4-2-0-6	33.3%	50.0%	50.0%	200%	125%
全馬	25-24-18-155	11.3%	22.1%	30.2%	133%	127%

超メイショウランク ★★★ ゴールドM

京都芝1200mは内枠が有利というのが定説だが、メイショウ馬でも当てはまる。メイショウ馬の枠順別の傾向は1~3枠が好成績で、外枠はさっぱりだ。とくに**1枠(4-2-0-6)**は好走確率が高く、回収率も全馬を大きく上回っている。メイショウ馬が1枠の場合、年齢が**2~4歳(4-2-0-1)**だと堅実だが、5歳以上は成績が良くない。また、**10~12月(3-2-0-2)**も買いといえる。

メイショウ馬 京都芝1200mの枠番別成績

枠番	着別度数	勝率	連対率	複勝率	単勝回収率	複勝回収率
1枠	4-2-0-6	33.3%	50.0%	50.0%	200%	125%
2枠	2-0-1-9	16.7%	16.7%	25.0%	458%	202%
3枠	0-1-2-5	0.0%	12.5%	37.5%	0.0%	121%
4枠	0-0-2-14	0.0%	0.0%	12.5%	0.0%	50%
5枠	0-0-0-7	0.0%	0.0%	0.0%	0.0%	0.0%
6枠	0-0-0-13	0.0%	0.0%	0.0%	0.0%	0.0%
7枠	0-0-0-12	0.0%	0.0%	0.0%	0.0%	0.0%
8枠	0-0-2-11	0.0%	0.0%	15.4%	0.0%	40%

注目ポイント!

【京都芝1200m】×【1枠】(4-2-0-6)の狙いはこれだ!

| 年齢 | 2~4歳(4-2-0-1) | 季節 | 10~12月(3-2-0-2) |

メイショウベルボン(3番人気2着)   17年11月5日、京都芝1200m、醍醐特別

❶【京都芝1200m】×❷【1枠】×❸【2~4歳】×❹【10~12月】

好走の方程式

京都芝2000m

	メイショウ馬	18位
	コースランク	

メイショウ馬 VS 全馬 徹底比較!

【京都芝2000m】

	着別度数	勝率	連対率	複勝率	単勝回収率	複勝回収率
メイショウ馬	6-5-6-62	7.6%	13.9%	21.5%	46%	78%
全馬	228-228-228-2058	8.3%	16.6%	24.9%	74%	71%

京都芝2000mはコース別メイショウ馬ランキングで勝ち星18位。ダートのコースと比べると、それほど出走馬が多いわけではない。成績も今ひとつで、単勝回収率が46%と低調だ。全馬と比較しても、複勝回収率以外は下回っており、オススメしづらいコースだ。

メイショウ馬 VS 全馬 徹底比較!

【京都芝2000m】×【牝】

超メイショウランク
シルバーM

	着別度数	勝率	連対率	複勝率	単勝回収率	複勝回収率
メイショウ馬	3-4-2-13	13.6%	31.8%	40.9%	62%	85%
全馬	46-46-54-606	6.1%	12.2%	19.4%	52%	65%

京都芝2000mにおけるメイショウ馬の性別による傾向を見てみよう。牡馬(3-1-4-49)が複勝率14%に対して、**牝馬(3-4-2-13)は同40%**もある。全馬と比較しても、メイショウの牝馬は優勢だ。その狙い目は3歳(2-3-0-6)や7〜8枠(1-2-2-3)だ。つまり、13年に**メイショウマンボ**が勝利した秋華賞をイメージしてほしい。

京都芝2000mの性別成績

性別	着別度数	勝率	連対率	複勝率	単勝回収率	複勝回収率
牡	3-1-4-49	5.3%	7.0%	14.0%	39%	75%
牝	3-4-2-13	13.6%	31.8%	40.9%	62%	85%

注目ポイント！

【京都芝2000m】×【牝】(3-4-2-13)の狙いはこれだ！

年齢	3歳(2-3-0-6)	枠	7〜8枠(1-2-2-3)

メイショウマンボ (3番人気1着)　13年10月13日、京都芝2000m、秋華賞

❶【京都芝2000m】×❷【牝】×❸【3歳】×❹【7〜8枠】
好走の方程式

阪神ダート1200m

メイショウ馬	
コースランク	**6位**

メイショウ馬 VS 全馬 徹底比較!

【阪神ダ1200m】

	着別度数	勝率	連対率	複勝率	単勝回収率	複勝回収率
メイショウ馬	16-15-12-201	6.6%	12.7%	17.6%	38%	45%
全馬	304-306-302-3683	6.6%	13.3%	19.8%	75%	69%

阪神ダ1200mはメイショウ馬のコース別ランク6位。だが全馬との比較では劣勢を強いられており、とくに単勝回収率が38%と悪い。1200mのようにスピードが要求されるコースよりも、タフな中距離の方がメイショウ馬は得意のようだ。

メイショウ馬 VS 全馬 徹底比較!

【阪神ダ1200m】×【池添謙一騎手】

超メイショウランク
ゴールドM

	着別度数	勝率	連対率	複勝率	単勝回収率	複勝回収率
メイショウ馬	4-3-4-7	22.2%	38.9%	61.1%	143%	200%
全馬	7-9-9-78	6.8%	15.5%	24.3%	37%	100%

成績が今ひとつの阪神ダ1200m。ここでメイショウ馬を買うなら**池添騎手(4-3-4-7)**がオススメだ。**複勝率が61%**と抜群で、**複勝回収率は200%**と際立った数字を残している。全馬との比較でも、すべての項目で圧倒している。また、騎乗数は少ないが福永祐一騎手(2-1-0-2)やM.デムーロ騎手(1-0-1-1)が高回収率をマークしている。

阪神ダ1200mの騎手別成績

騎手	着別度数	勝率	連対率	複勝率	単勝回収率	複勝回収率
池添謙一	4-3-4-7	22.2%	38.9%	61.1%	143%	200%
武豊	3-2-0-12	17.6%	29.4%	29.4%	97%	56%
福永祐一	2-1-0-2	40.0%	60.0%	60.0%	316%	136%
幸英明	1-1-1-3	16.7%	33.3%	50.0%	126%	101%
M・デムーロ	1-0-1-1	33.3%	33.3%	66.7%	176%	156%

注目ポイント!

【阪神ダ1200m】×【池添謙一騎手】(4-3-4-7)の狙いはこれだ!

クラス	500万下(2-0-1-0)	馬場状態	良(3-3-2-3)

メイショウワダイコ(2番人気1着)　14年12月13日、阪神ダ1200m、2歳500万下

❶【阪神ダ1200m】×❷【池添謙一騎手】×❸【500万下】×❹【良】

好走の方程式

メイショウ馬 VS 全馬 徹底比較!

【阪神ダ1200m】×【単勝2番人気】

超メイショウランク

	着別度数	勝率	連対率	複勝率	単勝回収率	複勝回収率
メイショウ馬	6-7-3-8	25.0%	54.2%	66.7%	116%	112%
全馬	207-216-231-2314	7.0%	14.3%	22.0%	70%	78%

★★★ ゴールドM

阪神ダ1200mなら、**単勝2番人気のメイショウ馬(6-7-3-8)**も狙い目といえる。複勝率66%、単勝回収率116%と、優れた数字を残している。この条件の場合、**2歳(2-1-2-1)**や**新馬(2-1-0-0)**だと馬券に絡む確率が上がる。逆に成績が良くないのは単勝1番人気(2-0-1-7)。また、単勝二桁人気(0-0-0-102)も全く馬券に絡んでいないので敬遠したいところだ。

阪神ダ1200mの単勝人気別成績

単勝人気	着別度数	勝率	連対率	複勝率	単勝回収率	複勝回収率
1	2-0-1-7	20.0%	20.0%	30.0%	48%	43%
2	6-7-3-8	25.0%	54.2%	66.7%	116%	112%
3	4-0-3-11	22.2%	22.2%	38.9%	119%	75%
4～6	4-5-2-36	8.5%	19.1%	23.4%	81%	64%
7～9	0-3-3-37	0.0%	7.0%	14.0%	0%	84%
10～	0-0-0-102	0.0%	0.0%	0.0%	0%	0%

注目ポイント!

【阪神ダ1200m】×【単勝2番人気】(6-7-3-8)の狙いはこれだ!

年齢 2歳(2-1-2-1)　**クラス** 新馬(2-1-0-0)

メイショウカネサダ（2番人気1着）　15年12月5日、阪神ダ1200m、2歳新馬

❶【阪神ダ1200m】×❷【2番人気】×❸【2歳】×❹【新馬】

好走の方程式

その他参考データ　メイショウ馬　**阪神ダ1200mの種牡馬、母父別成績**

		着別度数	勝率	連対率	複勝率	単勝回収率	複勝回収率
種牡馬	メイショウボーラー	4-4-2-49	6.8%	13.6%	16.9%	48%	46%
	ゴールドアリュール	3-3-0-10	18.8%	37.5%	37.5%	116%	96%
	タイキシャトル	2-0-0-8	20.0%	20.0%	20.0%	89%	37%
	キンシャサノキセキ	1-2-1-6	10.0%	30.0%	40.0%	50%	116%
	スペシャルウィーク	1-1-0-2	25.0%	50.0%	50.0%	190%	90%
母父馬	フレンチデピュティ	2-0-1-1	50.0%	50.0%	75.0%	202%	102%
	Gulch	2-0-0-7	22.2%	22.2%	22.2%	144%	57%
	スキャン	1-3-0-5	11.1%	44.4%	44.4%	62%	113%
	グラスワンダー	1-2-1-5	11.1%	33.3%	44.4%	55%	128%
	Miswaki	1-1-0-1	33.3%	66.7%	66.7%	253%	120%

阪神ダート1400m

メイショウ馬	
コースランク	3位

メイショウ馬 VS 全馬 徹底比較!

【阪神ダ1400m】

	着別度数	勝率	連対率	複勝率	単勝回収率	複勝回収率
メイショウ馬	20-24-25-195	7.6%	16.7%	26.1%	62%	120%
全馬	374-375-376-4572	6.6%	13.1%	19.7%	62%	71%

超メイショウランク
★★★
ゴールドM

阪神ダ1400mはメイショウ馬の中で3番目に勝利数の多いコースだ。全馬との比較では、複勝率や複勝回収率で凌駕している。メイショウ馬にとっては、あまり人気がなくても3着までに激走するというイメージだ。

メイショウ馬 VS 全馬 徹底比較!

【阪神ダ1400m】×【メイショウボーラー産駒】

	着別度数	勝率	連対率	複勝率	単勝回収率	複勝回収率
メイショウ馬	7-6-7-30	14.0%	26.0%	40.0%	128%	128%
全馬	13-9-12-102	9.6%	16.2%	25.0%	71%	79%

超メイショウランク
★★★
ゴールドM

阪神ダ1400mでメイショウ馬の種牡馬別成績は、**メイショウボーラー産駒(7-6-7-30)**が勝ち星では最多。全馬との比較でも、メイショウ馬が抜きんでている。ネオユニヴァース産駒(3-3-0-3)も複勝率が66.7%と高く、好成績を残している。ちなみに阪神ダ1400mのメイショウボーラー産駒の狙いは**6〜8枠(2-5-5-12)**、そして**高橋義忠厩舎(3-0-2-3)**だ。

阪神ダ1400mの種牡馬別成績（勝利数順）

種牡馬	着別度数	勝率	連対率	複勝率	単勝回収率	複勝回収率
メイショウボーラー	7-6-7-30	14.0%	26.0%	40.0%	128%	128%
ネオユニヴァース	3-3-0-3	33.3%	66.7%	66.7%	123%	118%
エンパイアメーカー	2-2-3-8	13.3%	26.7%	46.7%	192%	159%
ファスリエフ	2-0-0-1	66.7%	66.7%	66.7%	853%	190%
シニスターミニスター	1-3-0-4	12.5%	50.0%	50.0%	132%	261%

注目ポイント!

👉 【阪神ダ1400m】×【メイショウボーラー産駒】(7-6-7-30)の狙いはこれだ！

| 枠 | 6〜8枠(2-5-5-12) | 厩舎 | 高橋義忠厩舎(3-0-2-3) |

メイショウタラチネ(7番人気3着) 18年2月25日、阪神ダ1400m、4歳上1000万下

❶【阪神ダ1400m】×❷【メイショウボーラー産駒】×❸【6〜8枠】×❹【高橋義忠厩舎】

好走の方程式

メイショウ馬 VS 全馬 徹底比較!

【阪神ダ1400m】×【2歳】

	着別度数	勝率	連対率	複勝率	単勝回収率	複勝回収率
メイショウ馬	6-5-5-28	13.6%	25.0%	36.4%	147%	144%
全馬	63-63-63-714	7.0%	14.0%	20.9%	76%	66%

超メイショウランク ★★★ ゴールドM

メイショウ馬の阪神ダ1400m年齢別成績は、勝利数は3歳(8-14-14-93)がトップだが、**複勝率では2歳(6-5-5-28)が36%**と好成績を残している。全馬との比較でも2歳のメイショウ馬は突出している。また、メイショウ馬の2歳は**逃げ先行(3-3-3-6)**のように前で競馬をして押し切るケースが多く、性別では**牡馬(4-5-5-21)**が強いといえる。

阪神ダ1400mの年齢別成績

	着別度数	勝率	連対率	複勝率	単勝回収率	複勝回収率
2歳	6-5-5-28	13.6%	25.0%	36.4%	147%	144%
3歳	8-14-14-93	6.2%	17.1%	27.9%	34%	155%
4歳	6-3-2-35	13.0%	19.6%	23.9%	119%	58%
5歳	0-1-3-20	0.0%	4.2%	16.7%	0%	33%
6歳	0-1-1-10	0.0%	8.3%	16.7%	0%	148%
7歳以上	0-0-0-9	0.0%	0.0%	0.0%	0%	0%

注目ポイント!

【阪神ダ1400m】×【2歳】(6-5-5-28)の狙いはこれだ!

脚質 逃げ先行(3-3-3-6)　　**性別** 牡(4-5-5-21)

メイショウプレナム (11番人気3着)　16年12月3日、阪神ダ1400m、2歳未勝利

❶【阪神ダ1400m】×❷【2歳】×❸【逃げ先行】×❹【牡】

好走の方程式

その他参考データ　メイショウ馬　**阪神ダ1400mの騎手、馬場状態別成績**

		着別度数	勝率	連対率	複勝率	単勝回収率	複勝回収率
騎手	武豊	7-3-2-10	31.8%	45.5%	54.5%	263%	116%
	川田将雅	4-1-1-0	66.7%	83.3%	100.0%	430%	231%
	池添謙一	2-2-2-10	12.5%	25.0%	37.5%	26%	101%
	幸英明	2-0-1-7	20.0%	20.0%	30.0%	154%	100%
	浜中俊	1-1-1-3	16.7%	33.3%	50.0%	21%	65%
馬場状態	良	12-11-13-118	7.8%	14.9%	23.4%	52%	141%
	稍重	5-7-6-51	7.2%	17.4%	26.1%	87%	73%
	重	0-1-3-17	0.0%	4.8%	19.0%	0%	55%
	不良	3-5-3-9	15.0%	40.0%	55.0%	117%	189%

阪神ダート1800m

メイショウ馬	
コースランク	**2位**

メイショウ馬 VS 全馬 徹底比較!

【阪神ダ1800m】

	着別度数	勝率	連対率	複勝率	単勝回収率	複勝回収率
メイショウ馬	22-24-21-320	5.7%	11.9%	17.3%	90%	71%
全馬	559-559-560-6253	7.0%	14.1%	21.2%	80%	73%

超メイショウランク

ブロンズM

阪神ダ1800mはメイショウ馬のコース別ランキングで2位と得意にしている。全馬との比較では、勝率や連対率、複勝率は下回っているが、回収率はメイショウ馬のがやや上。メイショウ馬はソコソコお買い得といえる。

メイショウ馬 VS 全馬 徹底比較!

【阪神ダ1800m】×【5歳】

	着別度数	勝率	連対率	複勝率	単勝回収率	複勝回収率
メイショウ馬	2-5-3-17	7.4%	25.9%	37.0%	38%	123%
全馬	49-64-64-666	5.8%	13.4%	21.0%	45%	63%

超メイショウランク

ゴールドM

メイショウ馬の阪神ダ1800m年齢別成績は、**5歳(2-5-3-17)が複勝率37%、複勝回収率123%**と好成績を残している。全馬との比較でもメイショウ馬がかなり上回っている。メイショウ馬の3歳(13-14-11-201)は好走確率は平凡だが、単勝回収率が125%と素晴らしく、単勝ベタ買いがオススメ。なお、5歳は先行馬が堅実な結果を残している。

阪神ダ1800mの年齢別成績

年齢	着別度数	勝率	連対率	複勝率	単勝回収率	複勝回収率
2歳	2-1-3-45	3.9%	5.9%	11.8%	18%	30%
3歳	13-14-11-201	5.4%	11.3%	15.9%	125%	79%
4歳	5-4-4-46	8.5%	15.3%	22.0%	52%	67%
5歳	2-5-3-17	7.4%	25.9%	37.0%	38%	123%
6歳	0-0-0-8	0.0%	0.0%	0.0%	0%	0%
7歳以上	0-0-0-3	0.0%	0.0%	0.0%	0%	0%

注目ポイント!

【阪神ダ1800m】×【5歳】(2-5-3-17)の狙いはこれだ!

脚質	先行(2-2-1-6)	クラス	1600万下(0-1-2-1)

メイショウスミトモ (12番人気3着)　16年6月26日、阪神ダ1800m、花のみちS

❶【阪神ダ1800m】×❷【5歳】×❸【先行】×❹【1600万下】

好走の方程式

メイショウ馬 VS 全馬 徹底比較!

【阪神ダ1800m】×【プリサイスエンド産駒】

	着別度数	勝率	連対率	複勝率	単勝回収率	複勝回収率
メイショウ馬	4-2-0-8	28.6%	42.9%	42.9%	1100%	246%
全馬	8-7-3-65	9.6%	18.1%	21.7%	204%	88%

超メイショウランク ★★★ ゴールドM

阪神ダ1800mにおけるメイショウ馬の種牡馬別成績は、**プリサイスエンド産駒(4-2-0-8)**がトップ。**連対率42.9%、単勝回収率1100%**と破格の数字を残しており、全馬との比較でも歴然の差がある。メイショウサムソン産駒(3-2-5-50)やメイショウボーラー産駒(2-2-1-30)は出走数は多いが、成績は今ひとつ。プリサイスエンド産駒を買うなら、外枠が狙い目だ。

阪神ダ1800mの種牡馬別成績(勝利数順)

種牡馬	着別度数	勝率	連対率	複勝率	単勝回収率	複勝回収率
プリサイスエンド	4-2-0-8	28.6%	42.9%	42.9%	1100%	246%
メイショウサムソン	3-2-5-50	5.0%	8.3%	16.7%	48%	83%
マンハッタンカフェ	2-3-0-14	10.5%	26.3%	26.3%	32%	40%
メイショウボーラー	2-2-1-30	5.7%	11.4%	14.3%	52%	44%
フレンチデピュティ	1-2-1-17	4.8%	14.3%	19.0%	9%	32%

注目ポイント!

【阪神ダ1800m】×【プリサイスエンド産駒】(4-2-0-8)の狙いはこれだ!

枠 8枠(2-2-0-1)　　**脚質** 先行(2-1-0-1)

メイショウテンシュ(8番人気1着)　13年4月7日、阪神ダ1800m、3歳未勝利

❶【阪神ダ1800m】×❷【プリサイスエンド産駒】×❸【8枠】×❹【先行】
好走の方程式

阪神ダ1800mの厩舎、生産者別成績

		着別度数	勝率	連対率	複勝率	単勝回収率	複勝回収率
厩舎	(栗東)南井克巳	4-4-5-24	10.8%	21.6%	35.1%	177%	128%
	(栗東)角田晃一	3-0-1-15	15.8%	15.8%	21.1%	129%	93%
	(栗東)安達昭夫	2-3-2-29	5.6%	13.9%	19.4%	325%	104%
	(栗東)庄野靖志	2-0-0-6	25.0%	25.0%	25.0%	256%	80%
	(栗東)岡田稲男	2-0-0-4	33.3%	33.3%	33.3%	615%	130%
生産者	三嶋牧場	4-7-6-79	4.2%	11.5%	17.7%	31%	57%
	隆栄牧場	2-2-0-1	40.0%	80.0%	80.0%	2342%	534%
	土田農場	2-0-0-3	40.0%	40.0%	40.0%	738%	156%
	大島牧場	2-0-0-3	40.0%	40.0%	40.0%	238%	66%
	太陽牧場	1-5-1-30	2.7%	16.2%	18.9%	21%	64%

阪神芝1200m

| メイショウ馬コースランク | 14位 |

メイショウ馬 VS 全馬 徹底比較!

【阪神芝1200m】

	着別度数	勝率	連対率	複勝率	単勝回収率	複勝回収率
メイショウ馬	7-6-6-55	9.5%	17.6%	25.7%	97%	120%
全馬	121-122-121-1282	7.4%	14.8%	22.1%	70%	70%

超メイショウランク ★★★ ゴールドM

阪神芝1200mはあまり使用されないコースだが、メイショウ馬ランクでは14位と上位に入っている。若干パワーのいるコースのため、タフなメイショウ馬とは相性がいいようだ。全馬との比較も優勢で、とくに**複勝回収率120%**は特筆すべき数字といえる。

メイショウ馬 VS 全馬 徹底比較!

【阪神芝1200m】×【3歳】

	着別度数	勝率	連対率	複勝率	単勝回収率	複勝回収率
メイショウ馬	3-2-2-9	18.8%	31.3%	43.8%	128%	137%
全馬	29-31-28-295	7.6%	15.7%	23.0%	71%	84%

超メイショウランク ★★★ ゴールドM

阪神芝1200mでオススメのメイショウ馬は**3歳(3-2-2-9)**だ。複勝率43%、複勝回収率137%と抜群の成績を残しており、すべての値で全馬を凌駕している。2歳(2-1-2-16)や4歳(2-1-1-11)も単勝回収率は100%を超えており、お買い得だ。ただし、**5歳以上は未勝利**。また、メイショウ馬の3歳なら、500万下(2-2-1-3)がまずまず買いといえる。

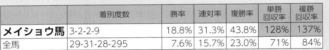

阪神芝1200mの年齢別成績

年齢	着別度数	勝率	連対率	複勝率	単勝回収率	複勝回収率
2歳	2-1-2-16	9.5%	14.3%	23.8%	148%	51%
3歳	3-2-2-9	18.8%	31.3%	43.8%	128%	137%
4歳	2-1-1-11	13.3%	20.0%	26.7%	136%	59%
5歳	0-1-0-9	0.0%	10.0%	10.0%	0%	45%
6歳	0-0-1-8	0.0%	0.0%	11.1%	0%	162%
7歳以上	0-1-0-2	0.0%	33.3%	33.3%	0%	946%

注目ポイント!

【阪神芝1200m】×【3歳】(3-2-2-9)の狙いはこれだ!

| クラス | 500万下(2-2-1-3) | 枠 | 2〜4枠(3-1-2-3) |

メイショウベニフジ(5番人気2着)　16年3月13日、阪神芝1200m、3歳500万下

❶【阪神芝1200m】×❷【3歳】×❸【500万下】×❹【2〜4枠】

好走の方程式

中山ダート1200m

| メイショウ馬コースランク | 17位 |

メイショウ馬 VS 全馬 徹底比較!

【中山ダ1200m】

	着別度数	勝率	連対率	複勝率	単勝回収率	複勝回収率
メイショウ馬	6-7-2-60	8.0%	17.3%	20.0%	37%	39%
全馬	656-655-655-8295	6.4%	12.8%	19.2%	60%	69%

メイショウ馬は美浦の厩舎に預けることは少なく、主戦場は関西だ。関東遠征もあまりしない。そんな中、中山ダ1200mはコース別ランクで17位に入った。だが、回収率は単複ともに30%台と低調だ。果たしてどんな組み合わせだと、好走するのだろうか?

メイショウ馬 VS 全馬 徹底比較!

【中山ダ1200m】×【5歳】

	着別度数	勝率	連対率	複勝率	単勝回収率	複勝回収率
メイショウ馬	3-0-2-10	20.0%	20.0%	33.3%	131%	92%
全馬	84-72-82-1040	6.6%	12.2%	18.6%	71%	64%

超メイショウランク ★★★ ゴールドM

中山ダ1200mの年齢別成績では**5歳(3-0-2-10)**がオススメだ。複勝率33%、単勝回収率131%と群を抜いた成績を残しており、すべての値で全馬を圧倒している。一方、2歳(1-0-0-7)や6歳以上(0-1-0-19)は成績がよくない。また、5歳なら**牡馬(3-0-2-6)**や**2~4枠(2-0-1-1)**だと好走確率がアップするので、狙い目といえる。

中山ダ1200mの年齢別成績

年齢	着別度数	勝率	連対率	複勝率	単勝回収率	複勝回収率
2歳	1-0-0-7	12.5%	12.5%	12.5%	22%	13%
3歳	2-4-0-15	9.5%	28.6%	28.6%	31%	39%
4歳	0-2-0-9	0.0%	18.2%	18.2%	0%	36%
5歳	3-0-2-10	20.0%	20.0%	33.3%	131%	92%
6歳	0-1-0-5	0.0%	16.7%	16.7%	0%	35%
7歳以上	0-0-0-14	0.0%	0.0%	0.0%	0%	0%

注目ポイント!

【中山ダ1200m×【5歳】(3-0-2-10)の狙いはこれだ!

| 性別 | 牡(3-0-2-6) | 枠 | 2~4枠(2-0-1-1) |

メイショウカイモン(4番人気1着)　16年3月5日、中山ダ1200m、4歳上500万下

❶【中山ダ1200m】×❷【5歳】×❸【牡】×❹【2~4枠】

好走の方程式

中京ダート1200m

| メイショウ馬 コースランク | 12位 |

メイショウ馬 VS 全馬 徹底比較!

【中京ダ1200m】

	着別度数	勝率	連対率	複勝率	単勝回収率	複勝回収率
メイショウ馬	8-8-8-103	6.3%	12.6%	18.9%	42%	92%
全馬	176-176-176-2240	6.4%	12.7%	19.1%	70%	75%

最後の直線に急坂が待ち構えている中京ダ1200m。メイショウ馬のコース別ランキングで12位とまずまずだ。全馬との比較では、複勝回収率ではメイショウ馬が上回っているが、それ以外の項目では苦戦を強いられている。

メイショウ馬 VS 全馬 徹底比較!

【中京ダ1200m】×【単勝2番人気】

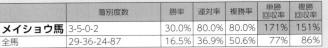
超メイショウランク

	着別度数	勝率	連対率	複勝率	単勝回収率	複勝回収率
メイショウ馬	3-5-0-2	30.0%	80.0%	80.0%	171%	151%
全馬	29-36-24-87	16.5%	36.9%	50.6%	77%	86%

★★★ ゴールドM

メイショウ馬にとっての中京ダ1200mの狙い目は**単勝2番人気(3-5-0-2)**だ。複勝率80%、単複回収率は150%を超えており、傑出した数値といえる。もちろん全馬との比較でも大幅に上回っている。この条件でさらに**牡馬(2-3-0-0)や1～5枠(1-3-0-0)**だと連対率100%だ。ちなみに3、4番人気も単勝回収率が高く、1番人気は低調だ。

中京ダ1200mの単勝人気別成績

単勝人気	着別度数	勝率	連対率	複勝率	単勝回収率	複勝回収率
1	1-2-2-4	11.1%	33.3%	55.6%	23%	68%
2	3-5-0-2	30.0%	80.0%	80.0%	171%	151%
3	2-0-0-4	33.3%	33.3%	33.3%	195%	56%
4～6	2-0-3-15	10.0%	10.0%	25.0%	115%	85%
7～9	0-1-2-19	0.0%	4.5%	13.6%	0%	66%
10～	0-0-1-59	0.0%	0.0%	1.7%	0%	102%

注目ポイント!

【中京ダ1200m】×【単勝2番人気】(3-5-0-2)の狙い目はこれだ!

| 性別 | 牡(2-3-0-0) | 枠 | 1～5枠(1-3-0-0) |

メイショウブレナム（2番人気1着）　17年1月29日、中京ダ1200m、3歳未勝利

❶【中京ダ1200m】×❷【2番人気】×❸【牡】×❹【1～5枠】

好走の方程式

第3章 メイショウ馬 好走パターン その1

中京ダ1200m

メイショウ馬 VS 全馬 徹底比較!

【中京ダ1200m】×【城戸義政騎手】

	着別度数	勝率	連対率	複勝率	単勝回収率	複勝回収率
メイショウ馬	2-1-1-3	28.6%	42.9%	57.1%	328%	211%
全馬	5-1-3-35	11.4%	13.6%	20.5%	291%	85%

超メイショウランク ★★★ ゴールドM

もうひとつ、中京ダ1200mのオススメは**城戸義政騎手**だ。城戸騎手はメイショウ馬騎手ランクで4位に入るなど、主戦騎手のひとりだ。そんな彼が中京ダ1200mに乗ると(2-1-1-3)、好走確率や回収率も高くなる。さらに好走確率を上げるには、**単勝6〜8番人気(1-1-1-0)**や**1月(2-0-0-0)**のケースで狙いたい。馬券に絡む確率がアップすること間違いなし。

中京ダ1200mの騎手別成績（勝利別順）

騎手	着別度数	勝率	連対率	複勝率	単勝回収率	複勝回収率
城戸義政	2-1-1-3	28.6%	42.9%	57.1%	328%	211%
秋山真一郎	2-0-0-4	33.3%	33.3%	33.3%	195%	56%
鮫島克駿	1-0-0-4	20.0%	20.0%	20.0%	156%	62%
古川吉洋	1-0-0-6	14.3%	14.3%	14.3%	62%	27%
酒井学	1-0-0-2	33.3%	33.3%	33.3%	70%	40%

注目ポイント！

【中京ダ1200m】×【城戸義政騎手】(2-1-1-3)の狙いはこれだ!

| 単勝人気 | 6〜8番人気(1-1-1-0) | 月 | 1月(2-0-0-0) |

メイショウルナ（6番人気1着） 15年1月24日、中京ダ1200m、4歳上500万下

❶【中京ダ1200m】×❷【城戸義政騎手】×❸【6〜8番人気】×❹【1月】

好走の方程式

その他参考データ

中京ダ1200mの種牡馬、脚質別成績

		着別度数	勝率	連対率	複勝率	単勝回収率	複勝回収率
種牡馬	メイショウボーラー	3-0-2-32	8.1%	8.1%	13.5%	48%	188%
	スタチューオブリバティ	1-1-0-7	11.1%	22.2%	22.2%	148%	83%
	フジキセキ	1-0-1-2	25.0%	25.0%	50.0%	240%	182%
	ファスリエフ	1-0-0-4	20.0%	20.0%	20.0%	128%	34%
	タイキシャトル	1-0-0-1	50.0%	50.0%	50.0%	105%	60%
脚質	逃げ	0-3-2-1	0.0%	50.0%	83.3%	0%	178%
	先行	5-3-2-14	20.8%	33.3%	41.7%	109%	94%
	中団	1-2-4-39	2.2%	6.5%	15.2%	13%	168%
	後方	2-0-0-49	3.9%	3.9%	3.9%	41%	12%

中京ダート1800m

| メイショウ馬 コースランク | 7位 |

メイショウ馬 VS 全馬 徹底比較!

【中京ダ1800m】

	着別度数	勝率	連対率	複勝率	単勝回収率	複勝回収率
メイショウ馬	15-9-9-106	10.8%	17.3%	23.7%	190%	111%
全馬	301-301-302-3490	6.9%	13.7%	20.6%	82%	74%

超メイショウランク ★★★ ゴールドM

パワータイプの馬が活躍するといわれる中京ダ1800m。メイショウ馬にとって、もっとも能力を発揮できる舞台かもしれない。単複回収率はどちらも100%を超えて、全馬に対しても圧倒的な差をつけている。やはりメイショウ馬は「パワー」にすぐれている。

メイショウ馬 VS 全馬 徹底比較!

【中京ダ1800m】×【未勝利】

	着別度数	勝率	連対率	複勝率	単勝回収率	複勝回収率
メイショウ馬	9-3-3-39	16.7%	22.2%	27.8%	407%	106%
全馬	121-121-121-1478	6.6%	13.1%	19.7%	73%	71%

超メイショウランク ★★★ ゴールドM

中京ダ1800mでメイショウ馬を買うなら、**未勝利(9-3-3-39)** がオススメだ。単勝回収率は別次元ともいえる**407%**を記録している。脚質が**逃げ(3-0-0-1)** や**単勝1番人気(3-1-1-1)** なら、鬼に金棒だ。ただし未勝利以外のクラスは成績が芳しくなく、とくに勝率と単勝回収率は不振なので、見送りが賢明だろう。

メイショウ馬 中京ダ1800mのクラス別成績

クラス	着別度数	勝率	連対率	複勝率	単勝回収率	複勝回収率
新馬	0-0-1-2	0.0%	0.0%	33.3%	0%	140%
未勝利	9-3-3-39	16.7%	22.2%	27.8%	407%	106%
500万下	5-4-4-54	7.5%	13.4%	19.4%	64%	118%
1000万下	1-0-0-6	14.3%	14.3%	14.3%	25%	15%
1600万下	0-1-0-0	0.0%	100.0%	100.0%	0%	130%
オープン特別	0-1-0-3	0.0%	25.0%	25.0%	0%	75%
重賞	0-0-1-2	0.0%	0.0%	33.3%	0%	303%

注目ポイント!

【中京ダ1800m】×【未勝利】(9-3-3-39)の狙いはこれだ!

| 脚質 | 逃げ(3-0-0-1) | 単勝人気 | 1番人気(3-1-1-1) |

メイショウブリエ(1番人気1着) 13年3月10日、中京ダ1800m、3歳未勝利

❶【中京ダ1800m】×❷【未勝利】×❸【逃げ】×❹【1番人気】

好走の方程式

メイショウ馬 VS 全馬 徹底比較!

【中京ダ1800m】×【3歳】

超メイショウランク

★★★

ゴールドM

	着別度数	勝率	連対率	複勝率	単勝回収率	複勝回収率
メイショウ馬	11-3-4-47	16.9%	21.5%	27.7%	375%	159%
全馬	147-147-148-1728	6.8%	13.5%	20.4%	92%	79%

中京ダ1800mにおけるメイショウ馬の年齢別成績は、**3歳(11-3-4-47)**がずば抜けている。最多の11勝を挙げ、**単勝回収率も375%**と群を抜く。全馬に対しても、圧倒しており、この場合、**単勝1番人気(3-1-1-1)**や**馬体重が520kg以上(2-0-1-1)**だと、安定した成績を残している。3歳以外は今ひとつだが、6歳がまずまずといえそうだ。

中京ダ1800mの年齢別成績

年齢	着別度数	勝率	連対率	複勝率	単勝回収率	複勝回収率
2歳	0-0-1-6	0.0%	0.0%	14.3%	0%	60%
3歳	11-3-4-47	16.9%	21.5%	27.7%	375%	159%
4歳	2-2-2-28	5.9%	11.8%	17.6%	30%	65%
5歳	1-3-1-17	4.5%	18.2%	22.7%	16%	54%
6歳	1-1-1-7	10.0%	20.0%	30.0%	71%	135%
7歳以上	0-0-0-1	0%	0%	0%	0%	0%

注目ポイント!

【中京ダ1800m】×【3歳】(11-3-4-47)の狙いはこれだ!

単勝人気 1番人気(3-1-1-1)　　**馬体重** 520kg以上(2-0-1-1)

メイショウナガマサ(1番人気1着)　15年7月12日、中京ダ1700m、3歳未勝利

❶【中京ダ1800m】×❷【3歳】×❸【1番人気】×❹【520kg以上】

好走の方程式

その他参考データ

中京ダ1800mの種牡馬、枠番別成績

		着別度数	勝率	連対率	複勝率	単勝回収率	複勝回収率
種牡馬	メイショウサムソン	4-1-2-17	16.7%	20.8%	29.2%	315%	125%
	マンハッタンカフェ	3-1-0-7	27.3%	36.4%	36.4%	872%	184%
	メイショウボーラー	3-0-0-8	27.3%	27.3%	27.3%	582%	104%
	タイキシャトル	2-1-0-7	20.0%	30.0%	30.0%	118%	59%
	スズカマンボ	1-0-0-4	20.0%	20.0%	20.0%	136%	26%
枠番	1枠	0-0-2-14	0.0%	0.0%	12.5%	0%	28%
	2枠	2-1-2-13	11.1%	16.7%	27.8%	69%	82%
	3枠	1-0-1-16	5.6%	5.6%	11.1%	16%	18%
	4枠	3-1-1-14	15.8%	21.1%	26.3%	628%	141%
	5枠	4-1-0-8	30.8%	38.5%	38.5%	412%	129%
	6枠	1-2-2-15	5.0%	15.0%	25.0%	43%	262%
	7枠	2-3-1-12	11.1%	27.8%	33.3%	321%	162%
	8枠	2-1-0-14	11.8%	17.6%	17.6%	61%	44%

小倉ダート1700m

| メイショウ馬 コースランク | 8位 |

メイショウ馬 VS 全馬 徹底比較！

【小倉ダ1700m】

	着別度数	勝率	連対率	複勝率	単勝回収率	複勝回収率
メイショウ馬	13-14-13-168	6.3%	13.0%	19.2%	52%	82%
全馬	297-298-296-3672	6.5%	13.0%	19.5%	85%	78%

波乱の結果が多いコースとして知られる小倉ダ1700m。メイショウ馬にとっては、あまり相性がいいとはいえない。単勝回収率が52%と低く、全馬に対して劣っている。ただし、複勝回収率は82%とまずまずだ。どんな組み合わせだと、メイショウ馬が好走するのだろうか？

メイショウ馬 VS 全馬 徹底比較！

超メイショウランク

【小倉ダ1700m】×【メイショウサムソン産駒】

	着別度数	勝率	連対率	複勝率	単勝回収率	複勝回収率
メイショウ馬	3-4-3-22	9.4%	21.9%	31.3%	60%	88%
全馬	4-5-6-44	6.8%	15.3%	25.4%	73%	71%

ブロンズM

成績が今ひとつの小倉ダ1700m。ここでメイショウ馬を買うなら**メイショウサムソン産駒（3-4-3-22）**がオススメだ。複勝率31%と堅実で、複勝回収率も88%と上々だ。**単勝4番人気（1-0-2-0）**や**良馬場（3-2-1-9）**だと、さらに好走確率が上がる。また、**タイキシャトル産駒（3-1-2-8）**も複勝率42%、単勝回収率145%と好調なので、こちらも狙ってみたい。

メイショウ馬 小倉ダ1700mの種牡馬別成績（勝利数順）

種牡馬	着別度数	勝率	連対率	複勝率	単勝回収率	複勝回収率
メイショウサムソン	3-4-3-22	9.4%	21.9%	31.3%	60%	88%
タイキシャトル	3-1-2-8	21.4%	28.6%	42.9%	145%	82%
ネオユニヴァース	1-1-0-7	11.1%	22.2%	22.2%	27%	63%
メイショウボーラー	1-1-0-26	3.6%	7.1%	7.1%	141%	51%
プリサイスエンド	1-0-2-4	14.3%	14.3%	42.9%	40%	70%

注目ポイント！

【小倉ダ1700m】×【メイショウサムソン産駒】(3-4-3-22)の狙い目はこれだ！

| 単勝人気 | 4番人気（1-0-2-0） | 馬場状態 | 良（3-2-1-9） |

メイショウトリトン（4番人気1着）　16年9月4日、小倉ダ1700m、3歳上500万下

❶【小倉ダ1700m】×❷【メイショウサムソン産駒】×❸【4番人気】×❹【良】

好走の方程式

メイショウ馬 VS 全馬 徹底比較!

【小倉ダ1700m】×【単勝4〜6番人気】

	着別度数	勝率	連対率	複勝率	単勝回収率	複勝回収率
メイショウ馬	5-3-4-20	15.6%	25.0%	37.5%	129%	104%
全馬	79-69-84-659	8.9%	16.6%	26.0%	91%	77%

超メイショウランク ★★★ ゴールドM

小倉ダ1700mの人気別成績では**4〜6番人気(5-3-4-20)**に妙味がある。複勝率が37%と高く、単勝回収率も129%と秀でている。全馬と比較しても、すべての数値で圧倒。この条件の狙いは**母父バブルガムフェロー(1-0-2-0)**と**7〜9月(4-3-4-11)**だ。逆に2〜3月開催(1-0-0-9)は成績が良くないので、こちらは見送りが賢明だ。

小倉ダ1700mの単勝人気別成績

単勝人気	着別度数	勝率	連対率	複勝率	単勝回収率	複勝回収率
1	4-2-3-3	33.3%	50.0%	75.0%	84%	105%
2	2-1-1-8	16.7%	25.0%	33.3%	81%	50%
3	1-0-0-9	10.0%	10.0%	10.0%	80%	24%
4〜6	5-3-4-20	15.6%	25.0%	37.5%	129%	104%
7〜9	0-4-1-39	0.0%	9.1%	11.4%	0%	58%
10〜	1-4-4-89	1.0%	5.1%	9.2%	40%	93%

注目ポイント!

【小倉ダ1700m】×【4〜6番人気】(5-3-4-20)の狙いはこれだ!

| 母父 | バブルガムフェロー(1-0-2-0) | 月 | 7〜9月(4-3-4-11) |

メイショウソラーレ(4番人気3着) 14年8月3日、小倉ダ1700m、響灘特別

❶【小倉ダ1700m】×❷【4〜6番人気】×❸【母父バブルガムフェロー】×❹【7〜9月】

好走の方程式

その他参考データ

小倉ダ1700mの脚質、クラス別成績

		着別度数	勝率	連対率	複勝率	単勝回収率	複勝回収率
脚質	逃げ	1-2-1-10	7.1%	21.4%	28.6%	33%	55%
	先行	7-6-3-15	22.6%	41.9%	51.6%	140%	159%
	差し	3-4-8-79	3.2%	7.4%	16.0%	53%	109%
	追込	0-1-0-64	0.0%	1.5%	1.5%	0%	7%
	マクリ	2-1-1-0	50.0%	75.0%	100.0%	257%	170%
クラス	未勝利	3-8-9-65	3.5%	12.9%	23.5%	62%	124%
	500万下	7-6-0-72	8.2%	15.3%	15.3%	41%	58%
	1000万下	1-0-3-20	4.2%	4.2%	16.7%	33%	48%
	1600万下	0-0-0-9	0.0%	0.0%	0.0%	0%	0%
	オープン特別	2-0-1-2	40.0%	40.0%	60.0%	252%	108%

小倉芝1200m

| | メイショウ馬 コースランク | 11位 |

メイショウ馬 VS 全馬 徹底比較!

【小倉芝1200m】

	着別度数	勝率	連対率	複勝率	単勝回収率	複勝回収率
メイショウ馬	8-14-11-152	4.3%	11.9%	17.8%	46%	52%
全馬	385-384-381-4984	6.3%	12.5%	18.7%	69%	73%

03年にメイショウボーラーが小倉2歳Sを制した舞台でもある小倉芝1200m。メイショウにとっては思い出深いコースだが、成績は芳しくない。単複どちらの回収率も全馬から20ポイントも下回っており、勝率も4%と苦戦している。

メイショウ馬 VS 全馬 徹底比較!

【小倉芝1200m】×【5歳】

超メイショウランク ★★★ ゴールドM

	着別度数	勝率	連対率	複勝率	単勝回収率	複勝回収率
メイショウ馬	3-2-3-15	13.0%	21.7%	34.8%	123%	130%
全馬	52-58-53-684	6.1%	13.0%	19.2%	96%	84%

小倉芝1200mにおけるメイショウ馬の傾向を見てみよう。年齢別では**5歳(3-2-3-15)**が複勝率34%、単複回収率も120%以上とかなかなかの数値を叩き出した。5歳馬に**幸英明騎手(1-1-1-2)**が騎乗し、**単勝6~8番人気(1-1-1-5)**だと、妙味がある。逆に4歳や6歳は勝利しておらず、狙いづらい傾向にある。

 小倉芝1200mの年齢別成績

年齢	着別度数	勝率	連対率	複勝率	単勝回収率	複勝回収率
2歳	4-4-3-38	8.2%	16.3%	22.4%	96%	70%
3歳	1-5-3-60	1.4%	8.7%	13.0%	15%	29%
4歳	0-2-1-24	0.0%	7.4%	11.1%	0%	27%
5歳	3-2-3-15	13.0%	21.7%	34.8%	123%	130%
6歳	0-1-1-10	0.0%	8.3%	16.7%	0%	31%
7歳以上	0-0-0-5	0.0%	0.0%	0.0%	0%	0%

注目ポイント!

【小倉芝1200m】×【5歳】(3-2-3-15)の狙い目はこれだ!

騎手 幸英明騎手(1-1-1-2)　　**単勝人気** 6~8番人気(1-1-1-5)

メイショウラバンド (6番人気2着)　16年8月27日、小倉芝1200m、3歳上500万下

❶【小倉芝1200m】×❷【5歳】×❸【幸英明騎手】×❹【6~8番人気】

好走の方程式

メイショウ馬 VS 全馬 徹底比較!

【小倉芝1200m】×【新馬】

超メイショウランク
ブロンズM

	着別度数	勝率	連対率	複勝率	単勝回収率	複勝回収率
メイショウ馬	3-2-3-22	10.0%	16.7%	26.7%	78%	92%
全馬	52-50-51-522	7.7%	15.1%	22.7%	86%	73%

小倉芝1200mのクラス別成績は、どれも今ひとつの結果だ。強いて言うなら**新馬(3-2-3-22)**が複勝率26%、複勝回収率92%と全馬に対して優勢だ。新馬を買うなら**2歳(3-2-3-16)**はいいが、3歳(0-0-0-6)は全滅なのでオススメできない。また、**11頭立て以下(2-2-0-5)**が比較的好走しているので、少頭数で狙ってみたい。

メイショウ馬

小倉芝1200mのクラス別成績

クラス	着別度数	勝率	連対率	複勝率	単勝回収率	複勝回収率
新馬	3-2-3-22	10.0%	16.7%	26.7%	78%	92%
未勝利	2-7-3-60	2.8%	12.5%	16.7%	48%	38%
500万下	1-4-2-37	2.3%	11.4%	15.9%	7%	32%
1000万下	0-0-2-13	0.0%	0.0%	13.3%	0%	31%
1600万下	2-0-1-12	13.3%	13.3%	20.0%	165%	74%
オープン特別	0-0-0-2	0.0%	0.0%	0.0%	0%	0%
重賞	0-1-0-6	0.0%	14.3%	14.3%	0%	162%

注目ポイント!

【小倉芝1200m】×【新馬】(3-2-3-22)の狙いはこれだ!

年齢	2歳(3-2-3-16)	頭数	11頭以下(2-2-0-5)

メイショウルーシー（2番人気2着） 16年8月7日、小倉芝1200m、2歳新馬

❶【小倉芝1200m】×❷【新馬】×❸【2歳】×❹【11頭以下】

好走の方程式

その他参考データ 小倉芝1200mの種牡馬、厩舎別成績

		着別度数	勝率	連対率	複勝率	単勝回収率	複勝回収率
種牡馬	キングヘイロー	2-2-0-2	33.3%	66.7%	66.7%	150%	126%
	メイショウボーラー	2-0-0-39	4.9%	4.9%	4.9%	45%	37%
	メイショウサムソン	1-3-0-10	7.1%	28.6%	28.6%	77%	57%
	パイロ	1-2-0-4	14.3%	42.9%	42.9%	65%	55%
	オレハマッテルゼ	1-1-0-5	14.3%	28.6%	28.6%	275%	220%
厩舎	(栗)高橋義忠	2-2-0-3	28.6%	57.1%	57.1%	128%	108%
	(栗)浅見秀一	2-1-0-3	33.3%	50.0%	50.0%	313%	281%
	(栗)小野幸治	1-1-0-13	6.7%	13.3%	13.3%	128%	102%
	(栗)西浦勝一	1-1-0-3	20.0%	40.0%	40.0%	218%	100%
	(栗)本田優	1-0-1-6	12.5%	12.5%	25.0%	57%	56%

小倉芝1800m

| | メイショウ馬 コースランク | 16位 |

メイショウ馬 VS 全馬 徹底比較!

【小倉芝1800m】

	着別度数	勝率	連対率	複勝率	単勝回収率	複勝回収率
メイショウ馬	7-1-3-68	8.9%	10.1%	13.9%	48%	83%
全馬	202-202-202-2251	7.1%	14.1%	21.2%	66%	68%

典型的な平坦・小回りコースの小倉芝1800m。メイショウ馬のコースランクでは16位とまずまずだが、あまり得意ではないようだ。複勝率は約14%と平均以下。単勝回収率も48%と苦戦。その中で好走するケースを探っていく。

メイショウ馬 VS 全馬 徹底比較!

【小倉芝1800m】×【未勝利】

	着別度数	勝率	連対率	複勝率	単勝回収率	複勝回収率
メイショウ馬	5-1-2-25	15.2%	18.2%	24.2%	67%	90%
全馬	80-80-80-979	6.6%	13.1%	19.7%	63%	61%

超メイショウランク ★★ シルバーM

小倉芝1800mでメイショウ馬を買うなら、**未勝利(5-1-2-25)**がオススメだ。複勝回収率は90%と及第点で、全馬よりは各数値が優勢だ。逆に**苦手なのは500万下(0-0-0-23)**で1頭も馬券に絡んでいない。それ以外のクラスでも好走例は少なく、未勝利のみが買えるといえる。**未勝利なら単勝1〜2番人気(3-1-0-0)**が堅実だ。

メイショウ馬 小倉芝1800mのクラス別成績

クラス	着別度数	勝率	連対率	複勝率	単勝回収率	複勝回収率
新馬	1-0-0-7	12.5%	12.5%	12.5%	91%	21%
未勝利	5-1-2-25	15.2%	18.2%	24.2%	67%	90%
500万下	0-0-0-23	0.0%	0.0%	0.0%	0%	0%
1000万下	0-0-1-7	0.0%	0.0%	12.5%	0%	388%
1600万下	0-0-0-2	0.0%	0.0%	0.0%	0%	0%
オープン特別	1-0-0-1	50.0%	50.0%	50.0%	440%	145%
重賞	0-0-0-3	0.0%	0.0%	0.0%	0%	0%

注目ポイント!

【小倉芝1800m】×【未勝利】(5-1-2-25)の狙いはこれだ!

| 単勝人気 | 1〜2人気(3-1-0-0) | 競走番号 | 5レース(3-0-0-2) |

メイショウチギリ(1番人気1着) 14年2月15日、小倉芝1800m、3歳未勝利

❶【小倉芝1800m】×❷【未勝利】×❸【1〜2番人気】×❹【5レース】

好走の方程式

福島ダート1700m

| メイショウ馬コースランク | 13位 |

メイショウ馬 vs 全馬 徹底比較！

【福島ダ1700m】

超メイショウランク
★★★
ゴールドM

	着別度数	勝率	連対率	複勝率	単勝回収率	複勝回収率
メイショウ馬	8-2-6-60	10.5%	13.2%	21.1%	180%	91%
全馬	315-313-314-3615	6.9%	13.8%	20.7%	61%	69%

機動力勝負になりやすいといわれる福島ダ1700m。メイショウ馬にとっては得意なコースだ。好走確率は平均的だが、**単勝回収率は180%**と突出しており、複勝回収率も91%と上々だ。全馬と比べても優秀といえる。

メイショウ馬 vs 全馬 徹底比較！

【福島ダ1700m】×【メイショウボーラー産駒】

超メイショウランク
★★★
ゴールドM

	着別度数	勝率	連対率	複勝率	単勝回収率	複勝回収率
メイショウ馬	5-0-1-4	50.0%	50.0%	60.0%	502%	140%
全馬	9-4-3-38	16.7%	24.1%	29.6%	156%	77%

福島ダ1700mのオススメは、**メイショウボーラー産駒(5-0-1-4)**。勝率は50%と高く、**単勝回収率は別次元**ともいえる504%を叩き出した。脚質は中団待機から長くいい脚を使う「差し」が有効で、内よりの枠が好結果を出している。ちなみに、メイショウ馬以外でもメイショウボーラー産駒はこのコースを得意としているので、こちらも狙ってみたい。

福島ダ1700mの種牡馬別成績（勝利数順）

種牡馬	着別度数	勝率	連対率	複勝率	単勝回収率	複勝回収率
メイショウボーラー	5-0-1-4	50.0%	50.0%	60.0%	502%	140%
バトルプラン	1-0-1-2	25.0%	25.0%	50.0%	260%	127%
スズカマンボ	1-0-0-2	33.3%	33.3%	33.3%	2316%	580%
ロージズインメイ	1-0-0-0	100.0%	100.0%	100.0%	730%	230%
フレンチデピュティ	0-1-1-2	0.0%	25.0%	50.0%	0%	505%

注目ポイント！

【福島ダ1700m】×【メイショウボーラー産駒】(5-0-1-4)の狙いはこれだ！

脚質 差し(4-0-1-1)　　**枠** 2～4枠(3-0-0-0)

メイショウオトコギ（12番人気1着）　13年11月17日、福島ダ1700m、3歳上500万下

❶【福島ダ1700m】×❷【メイショウボーラー産駒】×❸【差し】×❹【2～4枠】

好走の方程式

新潟ダート1800m

| メイショウ馬コースランク | 10位 |

メイショウ馬 VS 全馬 徹底比較!

【新潟ダ1800m】

	着別度数	勝率	連対率	複勝率	単勝回収率	複勝回収率
メイショウ馬	9-5-6-57	11.7%	18.2%	26.0%	235%	74%
全馬	327-325-328-3571	7.2%	14.3%	21.5%	77%	75%

超メイショウランク ★★★ ゴールドM

新潟ダ1800mは直線は長いが、コーナーの角度がある。そのためペースが遅くなり、先行馬が残るケースが多い。メイショウ馬にとっては激走警報が発令するタフな舞台だ。**単勝回収率が235%と規格外の数値を叩き出している。**

メイショウ馬 VS 全馬 徹底比較!

【新潟ダ1800m】×【単勝2〜3番人気】

	着別度数	勝率	連対率	複勝率	単勝回収率	複勝回収率
メイショウ馬	3-3-4-4	21.4%	42.9%	71.4%	147%	132%
全馬	107-103-97-345	16.4%	32.2%	47.1%	78%	81%

超メイショウランク ★★★ ゴールドM

このコースでのメイショウ馬の狙い目は**単勝2〜3番人気(3-3-4-4)**だ。複勝率71%は単勝1番人気と比較しても遜色なく、単複回収率も100%を大きく上回っている。**3歳(2-3-4-2)**や**逃げ先行(3-3-2-1)**の場合、積極的に狙っていきたい。4番人気以下は好走確率が下がるものの、人気薄が1着に突っ込むことが稀にあるので要注意。

新潟ダ1800mの単勝人気別成績

単勝人気	着別度数	勝率	連対率	複勝率	単勝回収率	複勝回収率
1	2-0-1-1	50.0%	50.0%	75.0%	102%	90%
2	0-2-2-2	0.0%	33.3%	66.7%	0%	95%
3	3-1-2-2	37.5%	50.0%	75.0%	257%	161%
2〜3	3-3-4-4	21.4%	42.9%	71.4%	147%	132%
4〜6	2-0-1-13	12.5%	12.5%	18.8%	195%	53%
7〜9	0-2-0-17	0.0%	10.5%	10.5%	0%	50%
10〜	2-0-0-22	8.3%	8.3%	8.3%	520%	70%

注目ポイント!

【新潟ダ1800m】×【2〜3番人気】(3-3-4-4)の狙い目はこれだ!

| 年齢 | 3歳(2-3-4-2) | 脚質 | 逃げ先行(3-3-2-1) |

メイショウハチク(3番人気2着)　17年5月13日、新潟ダ1800m、3歳未勝利
❶【新潟ダ1800m】×❷【2〜3番人気】×❸【3歳】×❹【逃げ先行】

好走の方程式

メイショウ馬 vs 全馬 徹底比較!

【新潟ダ1800m】×【460〜479キロ】

	着別度数	勝率	連対率	複勝率	単勝回収率	複勝回収率
メイショウ馬	7-1-1-17	26.9%	30.8%	34.6%	405%	109%
全馬	88-79-95-952	7.2%	13.8%	21.6%	76%	83%

ゴールドM

新潟ダ1800mにおける体重別の成績では460〜519kgが複勝率が高い。とくに**460〜479kg(7-1-1-17)**は複勝率34%、単勝回収率405%と卓越した数値を叩き出した。このゾーンは全馬との比較でもすべてで勝っている。また**500万下(4-1-0-6)**や**1〜3枠(3-0-1-3)**の条件が追加されると、好走確率がアップするので狙い目といえる。

新潟ダ1800mの馬体重別成績

馬体重	着別度数	勝率	連対率	複勝率	単勝回収率	複勝回収率
〜439kg	0-0-0-4	0.0%	0.0%	0.0%	0%	0%
440〜459kg	0-2-0-9	0.0%	18.2%	18.2%	0%	32%
460〜479kg	7-1-1-17	26.9%	30.8%	34.6%	405%	109%
480〜499kg	1-1-2-14	5.6%	11.1%	22.2%	386%	97%
500〜519kg	1-1-2-7	9.1%	18.2%	36.4%	53%	57%
520〜539kg	0-0-1-4	0.0%	0.0%	20.0%	0%	26%
540kg〜	0-0-0-2	0.0%	0.0%	0.0%	0%	0%

注目ポイント!

【新潟ダ1800m】×【460〜479kg】(7-1-1-17)の狙いはこれだ!

クラス 500万下(4-1-0-6)　　**枠** 1〜3枠(3-0-1-3)

メイショウソレイユ(11番人気1着)　14年5月25日、新潟ダ1800m、4歳上500万下

❶【新潟ダ1800m】×❷【460〜479kg】×❸【500万下】×❹【1〜3枠】

好走の方程式

その他参考データ

新潟ダ1800mの種牡馬、厩舎別成績

		着別度数	勝率	連対率	複勝率	単勝回収率	複勝回収率
種牡馬	タイキシャトル	1-0-1-4	16.7%	16.7%	33.3%	98%	60%
	メイショウボーラー	1-0-0-10	9.1%	9.1%	9.1%	503%	91%
	フレンチデピュティ	1-0-0-2	33.3%	33.3%	33.3%	193%	56%
	フォーティナイナーズサン	1-0-0-1	50.0%	50.0%	50.0%	1275%	185%
	ハーツクライ	1-0-0-3	25.0%	25.0%	25.0%	1740%	170%
厩舎	(栗東)南井克巳	1-3-1-3	12.5%	50.0%	62.5%	91%	110%
	(栗東)角田晃一	1-1-0-1	33.3%	66.7%	66.7%	246%	276%
	(栗東)坂口正則	1-0-0-1	33.3%	33.3%	66.7%	850%	160%
	(栗東)荒川義之	1-0-1-1	33.3%	33.3%	66.7%	53%	143%
	(栗東)本田優	1-0-0-6	14.3%	14.3%	14.3%	35%	18%

函館ダート1700m

| メイショウ馬コースランク | 9位 |

メイショウ馬 VS 全馬 徹底比較!

【函館ダ1700m】

	着別度数	勝率	連対率	複勝率	単勝回収率	複勝回収率
メイショウ馬	9-10-15-93	7.1%	15.0%	26.8%	72%	72%
全馬	253-253-253-2282	8.3%	16.6%	25.0%	85%	77%

函館競馬場は、JRA全10場の中でもっとも直線が短い競馬場として知られ、ダートの直線はわずか260m。メイショウ馬のランクは9位とまずまずだが、好走確率は平均的。単複回収率は、全馬と比べるとわずかに劣っている。

メイショウ馬 VS 全馬 徹底比較!

【函館ダ1700m】×【良】

超メイショウランク

	着別度数	勝率	連対率	複勝率	単勝回収率	複勝回収率
メイショウ馬	9-7-12-51	11.4%	20.3%	35.4%	116%	95%
全馬	142-142-142-1299	8.2%	16.5%	24.7%	99%	77%

★★ シルバーM

このコースでのメイショウ馬の狙い目は良馬場(9-7-12-51)だ。複勝率が35%と高く、単勝確率は116%とハイアベレージ。**高昭牧場の生産馬(1-4-4-1)**や**母父ダンスインザダーク(1-2-3-2)**の条件が加われば、さらに「買い」ということになる。ちなみに良馬場以外だと未勝利。見送りを基本に考えたい。

函館ダ1700mの馬場状態別成績

人気	着別度数	勝率	連対率	複勝率	単勝回収率	複勝回収率
良	9-7-12-51	11.4%	20.3%	35.4%	116%	95%
稍重	0-1-2-17	0.0%	5.0%	15.0%	0%	43%
重	0-1-1-15	0.0%	5.9%	11.8%	0%	35%
不良	0-1-0-10	0.0%	9.1%	9.1%	0%	20%

注目ポイント!

【函館ダ1700m】×【良】(9-7-12-51)の狙い目はこれだ!

| 生産者 | 高昭牧場(1-4-4-1) | 母父 | ダンスインザダーク(1-2-3-2) |

メイショウエジソン(7番人気2着)　13年6月23日、函館ダ1700m、3歳未勝利

❶【函館ダ1700m】×❷【良】×❸【高昭牧場】×❹【母父ダンスインザダーク】

好走の方程式

メイショウ馬 vs 全馬 徹底比較!

【函館ダ1700m】×【460〜479kg】

超メイショウランク

	着別度数	勝率	連対率	複勝率	単勝回収率	複勝回収率
メイショウ馬	6-5-6-25	14.3%	26.2%	40.5%	180%	115%
全馬	61-74-70-639	7.2%	16.0%	24.3%	74%	75%

★★★ ゴールドM

馬体重が460〜479kgのメイショウ馬を狙ってみると面白い。複勝率40%と高く、単勝回収率は180%と特筆もの。この馬体重のメイショウ馬が出走したら、**単勝3番人気(1-2-0-1)**や**6〜7枠(2-2-3-6)**かどうかも確かめたい。もし当てはまるのなら、狙い目は十分。ちなみに439kg以下と500kg以上は連対なし。敬遠したほうがいいケースだ。

函館ダ1700mの馬体重別成績

馬体重	着別度数	勝率	連対率	複勝率	単勝回収率	複勝回収率
〜399kg	0-0-0-3	0.0%	0.0%	0.0%	0%	0%
420〜439kg	0-0-1-7	0.0%	0.0%	12.5%	0%	106%
440〜459kg	2-4-3-21	6.7%	20.0%	30.0%	21%	54%
460〜479kg	6-5-6-25	14.3%	26.2%	40.5%	180%	115%
480〜499kg	1-1-1-22	4.0%	8.0%	12.0%	39%	44%
500〜519kg	0-0-2-9	0.0%	0.0%	18.2%	0%	29%
520〜539kg	0-0-2-6	0.0%	0.0%	25.0%	0%	51%

注目ポイント!

【函館ダ1700m】×【460〜479kg】(6-5-6-25)の狙いはこれだ!

単勝人気 3番人気(1-2-0-1)　　**枠** 6〜7枠(2-2-3-6)

メイショウスミトモ(3番人気2着) 15年7月25日、函館ダ1700m、駒場特別

❶【函館ダ1700m】×❷【460〜479kg】×❸【3番人気】×❹【6〜7枠】

好走の方程式

その他参考データ

函館ダ1700mの種牡馬、母父別成績

		着別度数	勝率	連対率	複勝率	単勝回収率	複勝回収率
種牡馬	メイショウサムソン	2-2-1-15	10.0%	20.0%	25.0%	167%	83%
	アルカセット	1-2-1-2	16.7%	50.0%	66.7%	31%	115%
	サマーバード	1-2-0-0	33.3%	100.0%	100.0%	83%	133%
	ゴールドアリュール	1-1-1-4	14.3%	28.6%	42.9%	310%	138%
	メイショウボーラー	1-0-4-17	4.5%	4.5%	22.7%	45%	133%
母父馬	スキャン	2-0-0-7	22.2%	22.2%	22.2%	372%	88%
	ダンスインザダーク	1-2-4-6	7.7%	23.1%	53.8%	14%	97%
	バブルガムフェロー	1-2-0-0	33.3%	100.0%	100.0%	83%	133%
	アジュディケーティング	1-1-1-6	11.1%	22.2%	33.3%	241%	107%
	ブライアンズタイム	1-0-1-8	10.0%	10.0%	20.0%	99%	65%

札幌ダート1700m

| メイショウ馬コースランク | 15位 |

メイショウ馬 VS 全馬 徹底比較！

【札幌ダ1700m】

	着別度数	勝率	連対率	複勝率	単勝回収率	複勝回収率
メイショウ馬	7-4-7-50	10.3%	16.2%	26.5%	221%	78%
全馬	171-171-173-1652	7.9%	15.8%	23.8%	76%	75%

超メイショウランク ゴールドM

札幌ダ1700mは、コーナーの半径が大きく、直線距離が264mと短め。さらに馬場高低差がほとんどない。**単勝回収率は221%**と優秀で、全馬との比較でも優位に立つなどメイショウ馬にとっては得意なコースとなっている。

メイショウ馬 VS 全馬 徹底比較！

【札幌ダ1700m】×【未勝利】

	着別度数	勝率	連対率	複勝率	単勝回収率	複勝回収率
メイショウ馬	3-1-5-25	8.8%	11.8%	26.5%	371%	100%
全馬	77-77-78-753	7.8%	15.6%	23.6%	92%	86%

超メイショウランク ゴールドM

このコースのメイショウ馬は**未勝利（3-1-5-25）**で結果を出している。全馬との比較では好走確率は互角だが、単勝回収率が371%対92%と圧倒。さらに、**逃げ（1-1-3-2）**や**馬体重が500kg以上（1-0-1-1）**の条件が加わると、より堅実な結果になる。なお、1000万下（2-2-0-8）は複勝率が33%と未勝利を上回っているが、回収率はそれほど高くない。

札幌ダ1700mのクラス別成績

クラス	着別度数	勝率	連対率	複勝率	単勝回収率	複勝回収率
新馬	0-0-1-1	0.0%	0.0%	50.0%	0%	95%
未勝利	3-1-5-25	8.8%	11.8%	26.5%	371%	100%
500万下	2-1-1-15	10.5%	15.8%	21.1%	68%	52%
1000万下	2-2-0-8	16.7%	33.3%	33.3%	92%	60%
G3	0-0-0-1	0.0%	0.0%	0.0%	0%	0%

注目ポイント！

【札幌ダ1700m】×【未勝利】(3-1-5-25)の狙いはこれだ！

| 脚質 | 逃げ（1-1-3-2） | 馬体重 | 500kg以上（1-0-1-1） |

メイショウソリッド（1番人気1着） 17年8月20日、札幌ダ1700m、3歳未勝利

❶【札幌ダ1700m】×❷【未勝利】×❸【逃げ】×❹【500kg以上】

好走の方程式

第4章
メイショウ馬の好走パターン2

この章でも「メイショウ馬」をさまざまなデータから検証。
騎手、厩舎、生産者、種牡馬などをテーマに全馬と比較しながら、
メイショウ馬の条件別「好走の方程式」を作り上げます。

超メイショウランクとは？

超メイショウランクとは、メイショウ馬の単勝回収率と複勝回収率を足した数と、全馬の単勝回収率と複勝回収率を足した数を比較したものです。メイショウ馬が**40以上**上回っていると「**ゴールドM**」、**20～39**上回れば「**シルバーM**」、**1～19**上回ると「**ブロンズM**」、数値が同じもしくはメイショウ馬が下回る場合は「無印」となります。このランクはメイショウ馬の回収率の優劣を現したものではなく、全馬と比較してメイショウ馬がお買い得かどうかの目印です。3章と4章にこのランクが登場します。

ゴールドM	シルバーM	ブロンズM	なし
★★★	★★	★	無印
（40以上）	（20～39）	（1～19）	（0以下）

武豊 騎手

	メイショウ馬	1位
	騎手ランク	

メイショウ馬 VS 全馬 徹底比較!

【武豊騎手】

	着別度数	勝率	連対率	複勝率	単勝回収率	複勝回収率
メイショウ馬	40-37-32-204	12.8%	24.6%	34.8%	79%	84%
全馬	468-423-338-2236	13.5%	25.7%	35.5%	68%	75%

超メイショウランク ★★ シルバーM

メイショウ馬騎手別ランキングの**最多勝はやはり武豊騎手**。複勝率も34%と安定している。全馬との比較では、勝率や複勝率などはほぼ互角。回収率では10%ほどメイショウ馬が上回っている。武豊騎手にとって、メイショウ馬はまずまずの回収率といえる。

メイショウ馬 VS 全馬 徹底比較!

【武豊騎手】×【松永昌博厩舎】

	着別度数	勝率	連対率	複勝率	単勝回収率	複勝回収率
メイショウ馬	7-2-2-14	28.0%	36.0%	44.0%	162%	112%
全馬	32-17-15-98	19.8%	30.2%	39.5%	78%	67%

超メイショウランク ★★★ ゴールドM

武豊騎手がメイショウ馬に騎乗した場合の厩舎別成績は、**松永昌博厩舎が(7-2-2-14)がトップ**。複勝率44%、複勝回収率112%と安定した成績を残している。全馬と比較しても、単勝回収率、複勝回収率は大きく上回っている。また、武豊騎手が松永昌博厩舎のメイショウ馬に騎乗した場合、**阪神(3-2-0-5)は好走確率が高いが**、京都(2-0-1-9)は今ひとつだ。それ以外では、サンプル数は少ないが高橋義忠厩舎(4-0-0-2)の単勝回収率518%が光る。

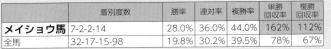

武豊騎手の厩舎別成績（勝利数順）

厩舎	着別度数	勝率	連対率	複勝率	単勝回収率	複勝回収率
(栗東)松永昌博	7-2-2-14	28.0%	36.0%	44.0%	162%	112%
(栗東)笹田和秀	4-2-0-11	23.5%	35.3%	35.3%	85%	95%
(栗東)高橋義忠	4-0-0-2	66.7%	66.7%	66.7%	518%	131%
(栗東)沖芳夫	3-6-5-15	10.3%	31.0%	48.3%	35%	91%
(栗東)南井克巳	3-2-2-13	15.0%	25.0%	35.0%	103%	125%

注目ポイント！

【武豊騎手】×【松永昌博厩舎】(7-2-2-14)の狙いはこれだ!

脚質	逃げ先行(6-1-1-6)	競馬場	阪神(3-2-0-5)

メイショウハガネ(8番人気2着)　16年9月17日、阪神芝1400m、2歳新馬

❶【武豊騎手】×❷【松永昌博厩舎】×❸【逃げ先行】×❹【阪神】

好走の方程式

メイショウ馬 VS 全馬 徹底比較!

【武豊騎手】×【先行】

	着別度数	勝率	連対率	複勝率	単勝回収率	複勝回収率
メイショウ馬	21-27-10-51	19.3%	44.0%	53.2%	111%	135%
全馬	180-198-117-558	17.1%	35.9%	47.0%	79%	95%

ゴールドM

武豊騎手は先行馬に乗らせるとピカイチというイメージがあるが、どうだろうか? メイショウ馬で先行した場合(21-27-10-51)でも、**複勝率53%、複勝回収率135%**という傑出した数字を残す。全馬との比較では、いずれの項目もメイショウ馬が優る。また、武豊騎手がメイショウ馬で先行した場合、芝の短距離や馬場状態が稍重だと、さらに成績が良くなる。

武豊騎手の脚質別成績

脚質	着別度数	勝率	連対率	複勝率	単勝回収率	複勝回収率
逃げ	13-2-3-22	32.5%	37.5%	45.0%	177%	92%
先行	21-27-10-51	19.3%	44.0%	53.2%	111%	135%
差し	5-8-15-75	4.9%	12.6%	27.2%	47%	68%
追込	1-2-4-56	1.6%	4.8%	11.1%	9%	19%

注目ポイント!

【武豊騎手】×【先行】(21-27-10-51)の狙いはこれだ!

| 距離 | 芝1500m以下(17-20-8-25) | 芝の馬場状態 | 稍重(4-1-0-3) |

メイショウカリン(11番人気2着) 17年9月18日、阪神芝1200m、3歳上500万下

❶【武豊騎手】×❷【先行】×❸【芝1500m以下】×❹【稍重】

好走の方程式

武豊騎手の種牡馬、コース別成績

		着別度数	勝率	連対率	複勝率	単勝回収率	複勝回収率
種牡馬	メイショウボーラー	5-6-2-24	13.5%	29.7%	35.1%	168%	82%
	ゴールドアリュール	5-1-4-13	21.7%	26.1%	43.5%	95%	93%
	マンハッタンカフェ	3-1-2-10	18.8%	25.0%	37.5%	108%	68%
	スズカマンボ	2-6-2-7	11.8%	47.1%	58.8%	29%	151%
	サウスヴィグラス	2-2-0-2	33.3%	66.7%	66.7%	63%	90%
コース	阪神ダ1400m	7-3-2-10	31.8%	45.5%	54.5%	263%	116%
	京都ダ1200m	5-5-3-12	20.0%	40.0%	52.0%	42%	82%
	京都ダ1400m	5-3-2-15	20.0%	32.0%	40.0%	101%	76%
	阪神ダ1200m	3-2-0-12	17.6%	29.4%	29.4%	97%	56%
	京都ダ1800m	2-1-2-10	13.3%	20.0%	33.3%	46%	60%

池添謙一 騎手

メイショウ馬 騎手ランク **2位**

メイショウ馬 VS 全馬 徹底比較!

【池添謙一騎手】

	着別度数	勝率	連対率	複勝率	単勝回収率	複勝回収率
メイショウ馬	23-15-18-138	11.9%	19.6%	28.9%	106%	80%
全馬	246-250-220-2086	8.8%	17.7%	25.6%	80%	76%

超メイショウランク ★★ シルバーM

池添謙一騎手はメイショウカンパクやメイショウベルーガで京都大賞典を勝つなど、メイショウ馬との関係は深い。勝利数は現役騎手では武豊騎手に次ぐ23勝。**単勝回収率は100%**を超えており、馬券妙味がある騎手といえる。

メイショウ馬 VS 全馬 徹底比較!

【池添謙一騎手】×【未勝利】

	着別度数	勝率	連対率	複勝率	単勝回収率	複勝回収率
メイショウ馬	10-7-6-60	12.0%	20.5%	27.7%	115%	77%
全馬	78-99-73-642	8.7%	19.8%	28.0%	73%	73%

超メイショウランク ★★★ ゴールドM

池添謙一騎手がメイショウ馬に騎乗した場合のクラス別成績は、**未勝利(10-7-6-60)が勝利数でトップ**。単勝回収率は115%をマークし、全馬との比較でも上々の成績だ。この条件の場合、1400m(4-2-1-10)や単勝3番人気(2-3-4-1)で好走確率がアップする。未勝利以外でも500～1600万下は好走確率や回収率が高いので、積極的に狙いたい。

メイショウ馬 池添謙一騎手のクラス別成績

クラス	着別度数	勝率	連対率	複勝率	単勝回収率	複勝回収率
新馬	1-0-1-14	6.3%	6.3%	12.5%	11%	16%
未勝利	10-7-6-60	12.0%	20.5%	27.7%	115%	77%
500万下	7-3-6-26	16.7%	23.8%	38.1%	188%	114%
1000万下	3-3-4-15	12.0%	24.0%	40.0%	50%	118%
1600万下	2-2-1-9	14.3%	28.6%	35.7%	119%	84%
オープン特別	0-0-0-8	0.0%	0.0%	0.0%	0%	0%
重賞	0-0-0-6	0.0%	0.0%	0.0%	0%	0%

注目ポイント!

【池添謙一騎手】×【未勝利】(10-7-6-60)の狙いはこれだ!

距離 1400m(4-2-1-10)　　**単勝人気** 3番人気(2-3-4-1)

メイショウアテン(3番人気3着)　17年5月21日、東京ダ1400m、3歳未勝利

❶【池添謙一騎手】×❷【未勝利】×❸【1400m】×❹【3番人気】

好走の方程式

メイショウ馬 VS 全馬 徹底比較!

【池添謙一騎手】×【京都】

	着別度数	勝率	連対率	複勝率	単勝回収率	複勝回収率
メイショウ馬	12-5-5-59	14.8%	21.0%	27.2%	117%	63%
全馬	93-94-84-781	8.8%	17.8%	25.8%	88%	80%

超メイショウランク
ブロンズM

池添謙一騎手がメイショウ馬で得意としている競馬場はどこだろうか? **京都(12-5-5-59)が勝ち星ではトップ**。全馬との比較でも優勢だ。京都で4歳(5-1-1-6)やダートの1000万下(3-1-0-3)に騎乗すると、馬券に絡む確率が高い。また池添謙一騎手は阪神(7-8-8-49)でもメイショウ馬を好走に導くことが多く、こちらもオススメだ。

池添謙一騎手の主な競馬場別成績

場所	着別度数	勝率	連対率	複勝率	単勝回収率	複勝回収率
札幌	2-1-1-5	22.2%	33.3%	44.4%	117%	106%
東京	2-1-2-6	18.2%	27.3%	45.5%	315%	110%
中山	0-0-0-3	0.0%	0.0%	0.0%	0%	0%
中京	0-0-1-11	0.0%	0.0%	8.3%	0%	63%
京都	12-5-5-59	14.8%	21.0%	27.2%	117%	63%
阪神	7-8-8-49	9.7%	20.8%	31.9%	91%	100%

注目ポイント!

【池添謙一騎手】×【京都】(12-5-5-59)の狙いはこれだ!

年齢 4歳(5-1-1-6)　　**クラス** ダートの1000万下(3-1-0-3)

メイショウラケーテ(5番人気2着)　18年1月27日、京都ダ1400m、4歳上1000万下

❶【池添謙一騎手】×❷【京都】×❸【4歳】×❹【ダートの1000万下】

好走の方程式

その他参考データ　　池添謙一騎手の厩舎、コース別成績

		着別度数	勝率	連対率	複勝率	単勝回収率	複勝回収率
厩舎	(栗東)池添兼雄	15-7-10-60	16.3%	23.9%	34.8%	113%	81%
	(栗東)南井克巳	2-3-2-18	8.0%	20.0%	28.0%	14%	62%
	(栗東)松永昌博	2-2-1-7	16.7%	33.3%	41.7%	106%	114%
	(栗東)飯田祐史	1-0-0-4	20.0%	20.0%	20.0%	288%	96%
	(栗東)浅見秀一	1-0-0-2	33.3%	33.3%	33.3%	1103%	136%
コース	京都ダ1200m	6-0-1-17	25.0%	25.0%	29.2%	158%	67%
	阪神ダ1200m	4-3-4-7	22.2%	38.9%	61.1%	143%	200%
	京都ダ1400m	4-1-1-14	20.0%	25.0%	30.0%	174%	83%
	阪神ダ1400m	2-2-2-10	12.5%	25.0%	37.5%	26%	101%
	東京ダ1400m	2-1-1-4	25.0%	37.5%	50.0%	433%	128%

幸英明 騎手

| メイショウ馬 騎手ランク | 3位 |

メイショウ馬 VS 全馬 徹底比較!

【幸英明騎手】

	着別度数	勝率	連対率	複勝率	単勝回収率	複勝回収率
メイショウ馬	18-19-21-162	8.2%	16.8%	26.4%	64%	81%
全馬	318-375-403-3882	6.4%	13.9%	22.0%	68%	75%

超メイショウランク
ブロンズM

JRAの最多騎乗回数の記録をいくつも保持している幸英明騎手は、メイショウ馬にも数多く騎乗している。全馬との比較でもまずまずの結果を出しており、とくに複勝率や複勝回収率で上回っており、日々堅実な騎乗を続けているといえる。

メイショウ馬 VS 全馬 徹底比較!

【幸英明騎手】×【500万下】

	着別度数	勝率	連対率	複勝率	単勝回収率	複勝回収率
メイショウ馬	9-9-9-40	13.4%	26.9%	40.3%	126%	109%
全馬	86-106-106-1099	6.2%	13.7%	21.3%	64%	65%

超メイショウランク
ゴールドM

幸英明騎手がメイショウ馬に騎乗した場合、クラス別では500万下(9-9-9-40)が狙い目。複勝率40%と抜群の安定感を誇り、単複の回収率も100%をクリア。全馬との比較でも圧倒している。この条件に1400m(2-3-1-4)や単勝6番人気(2-4-1-1)が追加すると、絶好のチャンスが到来する。また、サンプル数は少ないが、1600万下(2-1-0-7)も単勝回収率269%と突出している。

幸英明騎手のクラス別成績

クラス	着別度数	勝率	連対率	複勝率	単勝回収率	複勝回収率
新馬	2-0-2-14	11.1%	11.1%	22.2%	83%	66%
未勝利	4-6-3-45	6.9%	17.2%	22.4%	21%	50%
500万下	9-9-9-40	13.4%	26.9%	40.3%	126%	109%
1000万下	1-2-5-38	2.2%	6.5%	17.4%	4%	78%
1600万下	2-1-0-7	20.0%	30.0%	30.0%	269%	75%
オープン特別	0-1-1-10	0.0%	8.3%	16.7%	0%	98%
重賞	0-0-1-8	0.0%	0.0%	11.1%	0%	101%

注目ポイント!

【幸英明騎手】×【500万下】(9-9-9-40)の狙いはこれだ!

| 距離 | 1400m (2-3-1-4) | 単勝人気 | 6番人気 (2-4-1-1) |

メイショウノボサン (6番人気1着) 17年4月8日、阪神ダ1400m、4歳上500万下

❶【幸英明騎手】×❷【500万下】×❸【1400m】×❹【6番人気】

好走の方程式

メイショウ馬 VS 全馬 徹底比較!

【幸英明騎手】×【富田牧場】

	着別度数	勝率	連対率	複勝率	単勝回収率	複勝回収率
メイショウ馬	3-2-2-9	18.8%	31.3%	43.8%	70%	138%
全馬	10-9-7-38	15.6%	29.7%	40.6%	59%	95%

超メイショウランク ★★★ ゴールドM

幸英明騎手と相性の良い生産者は**富田牧場(3-2-2-9)**だ。複勝率43%、複勝回収率138%と、申し分のない数字だ。幸英明騎手が富田牧場のメイショウ馬に騎乗した場合、5歳(2-1-2-2)や単勝1~2番人気(2-0-1-0)だと、さらに狙いやすくなる。幸英明騎手と高昭牧場(2-3-1-9)の組み合わせも複勝率40%と好調だが、回収率は平均的だ。

幸英明騎手の生産者別成績(勝利数順)

生産者	着別度数	勝率	連対率	複勝率	単勝回収率	複勝回収率
富田牧場	3-2-2-9	18.8%	31.3%	43.8%	70%	138%
高昭牧場	2-3-1-9	13.3%	33.3%	40.0%	78%	64%
三嶋牧場	2-2-2-26	6.3%	12.5%	18.8%	57%	40%
大島牧場	1-2-1-15	5.3%	15.8%	21.1%	11%	57%
長谷川牧場	1-1-2-5	11.1%	22.2%	44.4%	98%	100%

注目ポイント!

【幸英明騎手】×【富田牧場】(3-2-2-9)の狙いはこれだ!

年齢 5歳(2-1-2-2) **単勝人気** 1~2番人気(2-0-1-0)

メイショウコルノ(1番人気1着)　16年5月29日、京都芝2000m、4歳上1000万下

❶【幸英明騎手】×❷【富田牧場】×❸【5歳】×❹【1~2番人気】

好走の方程式

その他参考データ

幸英明騎手の単勝人気、コース別成績

		着別度数	勝率	連対率	複勝率	単勝回収率	複勝回収率
単勝人気	1	5-4-2-4	33.3%	60.0%	73.3%	62%	99%
	2	1-6-3-10	5.0%	35.0%	50.0%	50%	76%
	3	4-2-0-12	22.2%	33.3%	33.3%	169%	88%
	4~6	6-6-9-30	11.8%	23.5%	41.2%	108%	113%
	7~9	2-1-4-36	4.7%	7.0%	16.3%	83%	84%
	10~	0-0-3-70	0.0%	0.0%	4.1%	0%	53%
コース	阪神ダ1800m	3-1-1-21	11.5%	15.4%	19.2%	65%	31%
	阪神ダ1400m	2-0-1-7	20.0%	20.0%	30.0%	154%	100%
	京都芝2000m	2-0-1-3	33.3%	33.3%	50.0%	61%	151%
	京都ダ1400m	1-5-1-6	7.7%	46.2%	53.8%	13%	129%
	京都ダ1800m	1-2-1-11	6.7%	20.0%	26.7%	109%	135%

第4章 メイショウ馬の好走パターンその2 騎手

城戸義政 騎手

メイショウ馬騎手ランク		**4位**

メイショウ馬 VS 全馬 徹底比較!

【城戸義政騎手】

	着別度数	勝率	連対率	複勝率	単勝回収率	複勝回収率
メイショウ馬	14-15-9-158	7.1%	14.8%	19.4%	124%	140%
全馬	65-84-79-1579	3.6%	8.2%	12.6%	66%	76%

超メイショウランク
ゴールドM

メイショウ馬騎手別ランクで最もインパクトがある城戸義政騎手。全馬のランクでは67位だが、メイショウ馬では堂々4位だ。しかもメイショウ馬に乗るとすべての数値で全馬を上回っており、回収率は単複ともに100%を超えており、とてもお買い得だ。

メイショウ馬 VS 全馬 徹底比較!

【城戸義政騎手】×【ダ1700m】

	着別度数	勝率	連対率	複勝率	単勝回収率	複勝回収率
メイショウ馬	4-3-2-23	12.5%	21.9%	28.1%	498%	128%
全馬	15-15-17-200	6.1%	12.1%	19.0%	212%	101%

超メイショウランク
ゴールドM

城戸義政騎手がメイショウ馬に騎乗した場合のダートの距離別成績は、1700m(4-3-2-23)が複勝率28%と安定した成績を残している。しかも**単勝回収率は驚異の498%!** 全馬と比較しても、すべての項目でメイショウ馬が勝っている。また、城戸義政騎手がメイショウ馬でダ1700mに騎乗した場合、牡馬(4-3-2-12)は好走確率が高いが、牝馬(0-0-0-11)はさっぱりだ。

メイショウ馬

城戸義政騎手のダートの主な距離別成績

距離	着別度数	勝率	連対率	複勝率	単勝回収率	複勝回収率
1200m	5-3-1-27	13.9%	22.2%	25.0%	125%	91%
1400m	1-0-1-20	4.5%	4.5%	9.1%	39%	26%
1700m	4-3-2-23	12.5%	21.9%	28.1%	498%	128%
1800m	2-6-2-38	4.2%	16.7%	20.8%	38%	224%
1900m	0-0-0-5	0.0%	0.0%	0.0%	0%	0%

注目ポイント!

【城戸義政騎手】×【ダ1700m】(4-3-2-23)の狙いはこれだ!

| 性別 | 牡(4-3-2-12) | 馬場状態 | 稍重(2-1-0-2) |

メイショウナンプウ(9番人気2着)　18年1月20日、小倉ダ1700m、4歳上500万下

❶【城戸義政騎手】×❷【ダ1700m】×❸【牡】×❹【稍重】　好走の方程式

浜中俊 騎手

| | メイショウ馬 | 騎手ランク | 5位 |

メイショウ馬 VS 全馬 徹底比較！

【浜中俊騎手】

	着別度数	勝率	連対率	複勝率	単勝回収率	複勝回収率
メイショウ馬	13-10-8-55	15.1%	26.7%	36.0%	156%	79%
全馬	476-434-401-2412	12.8%	24.4%	35.2%	72%	78%

超メイショウランク
★★★ ゴールドM

全国リーディング7位の浜中俊騎手はメイショウ馬では5位。まずまずの好相性だ。複勝率はメイショウ馬、全馬ともに35%を超えており、なかなか優秀。メイショウ馬で目立った数字は単勝回収率。156%もあり、全馬にダブルスコアをつけている。

メイショウ馬 VS 全馬 徹底比較！

【浜中俊騎手】×【京都】

	着別度数	勝率	連対率	複勝率	単勝回収率	複勝回収率
メイショウ馬	5-6-2-18	16.1%	35.5%	41.9%	131%	97%
全馬	157-155-133-895	11.7%	23.3%	33.2%	76%	81%

超メイショウランク
★★★ ゴールドM

浜中俊騎手がメイショウ馬に騎乗した場合、競馬場に注目。**京都(5-6-2-18)は複勝率41%**、単勝回収率も131%と好成績。全馬と比較しても優秀だ。この条件でダ1400m(2-2-1-2)や1or8枠(2-3-1-2)だと、より堅実。浜中俊騎手は阪神(5-2-3-22)も騎乗数が多く、単勝回収率134%と上々。京都だけでなく阪神も狙える。

浜中俊騎手の主な競馬場別成績

競馬場	着別度数	勝率	連対率	複勝率	単勝回収率	複勝回収率
東京	1- 0- 1- 2	25.0%	25.0%	50.0%	637%	222%
中京	1- 0- 0- 5	16.7%	16.7%	16.7%	28%	18%
京都	5- 6- 2-18	16.1%	35.5%	41.9%	131%	97%
阪神	5- 2- 3-22	15.6%	21.9%	31.3%	134%	56%
小倉	1- 2- 2- 5	10.0%	30.0%	50.0%	238%	99%

注目ポイント！

【浜中俊騎手】×【京都】(5-6-2-18)の狙いはこれだ！

| 距離 | ダ1400m(2-2-1-2) | 枠 | 1or8枠(2-3-1-2) |

メイショウギガース(7番人気3着) 18年4月28日、京都ダ1400m、4歳上1000万下
❶【浜中俊騎手】×❷【京都】×❸【ダ1400m】×❹【1or8枠】

好走の方程式

古川吉洋 騎手

| メイショウ馬 騎手ランク | **6位** |

メイショウ馬 VS 全馬 徹底比較！

【古川吉洋騎手】

	着別度数	勝率	連対率	複勝率	単勝回収率	複勝回収率
メイショウ馬	12-12-13-177	5.6%	11.2%	17.3%	229%	96%
全馬	150-151-123-2046	6.1%	12.2%	17.2%	106%	71%

超メイショウランク ★★★ ゴールドM

古川吉洋騎手はメイショウ馬に数多く騎乗しておりランク6位。全馬のランクでは40位なので、主戦騎手の一人と言っても過言ではない。しかもメイショウ馬の**単勝回収率は229%**と際立っており、古川吉洋騎手がメイショウ馬に乗った場合は「買い」といえる。

メイショウ馬 VS 全馬 徹底比較！

【古川吉洋騎手】×【南井克巳厩舎】

	着別度数	勝率	連対率	複勝率	単勝回収率	複勝回収率
メイショウ馬	6-6-8-53	8.2%	16.4%	27.4%	591%	156%
全馬	21-14-14-147	10.7%	17.9%	25.0%	376%	116%

超メイショウランク ★★★ ゴールドM

古川吉洋騎手がメイショウ馬に騎乗した場合の厩舎別成績は、**南井克巳厩舎(6-6-8-53)**がダントツだ。2位の厩舎が1勝なので、もはや専属といっても過言ではない。しかも単勝回収率は驚異の591%と抜けている。その功労者はメイショウスミトモ。このコンビで何度も波乱を演出している。ただし全馬でも単勝回収率は376%もあるため、古川吉洋騎手×南井克巳厩舎はメイショウ馬でなくても狙い目といえる。

古川吉洋騎手の厩舎別成績（勝利数順）

厩舎	着別度数	勝率	連対率	複勝率	単勝回収率	複勝回収率
(栗東)南井克巳	6-6-8-53	8.2%	16.4%	27.4%	591%	156%
(栗東)荒川義之	1-1-0-11	7.7%	15.4%	15.4%	104%	136%
(栗東)西橋豊治	1-1-0-2	25.0%	50.0%	50.0%	110%	92%
(栗東)本田優	1-0-2-19	4.5%	4.5%	13.6%	130%	60%
(栗東)高橋亮	0-1-1-2	0.0%	25.0%	50.0%	0%	167%

注目ポイント！

【古川吉洋騎手】×【南井克巳厩舎】(6-6-8-53)の狙いはこれだ！

| 芝・ダ | ダート(5-6-7-36) | ダートの距離 | 1600m以上(5-6-6-31) |

メイショウスミトモ (11番人気1着)　17年9月30日、阪神ダ2000m、シリウスS(G3)

❶【古川吉洋騎手】×❷【南井克巳厩舎】×❸【ダート】×❹【1600m以上】

好走の方程式

岩田康誠 騎手

メイショウ馬 騎手ランク	**7**位

メイショウ馬 VS 全馬 徹底比較!

【岩田康誠騎手】

	着別度数	勝率	連対率	複勝率	単勝回収率	複勝回収率
メイショウ馬	11-8-7-60	12.8%	22.1%	30.2%	62%	77%
全馬	511-524-518-3065	11.1%	22.4%	33.6%	62%	77%

岩田康誠騎手は08年にメイショウクオリアで京都新聞杯を制するなど、メイショウ馬との関わりは深い。騎手ランクは7位で、全馬との比較はほぼ同じ。とくに単複回収率はどちらもぴったり同じ数値だ。どこでも力を出せるバランスの取れた騎手といえる。

メイショウ馬 VS 全馬 徹底比較!

【岩田康誠騎手】×【5歳】

	着別度数	勝率	連対率	複勝率	単勝回収率	複勝回収率
メイショウ馬	4-3-2-4	30.8%	53.8%	69.2%	**134%**	**155%**
全馬	64-56-71-375	11.3%	21.2%	33.7%	76%	76%

超メイショウランク ★★★ ゴールドM

岩田康誠騎手がメイショウ馬に騎乗する場合のイチオシは5歳(4-3-2-4)だ。**複勝率69%**を誇り、単複回収率も100%をはるかに超える。この条件に**単勝1〜5番人気(4-3-1-0)**や**4〜5枠(3-1-0-0)**が追加されると、馬券圏内100%。迷わず狙いたい。また、4歳(3-0-2-11)も単勝回収率141%と卓出しており、こちらも勝負する価値がある。

岩田康誠騎手の年齢別成績

年齢	着別度数	勝率	連対率	複勝率	単勝回収率	複勝回収率
2歳	1-1-2-12	6.3%	12.5%	25.0%	9%	49%
3歳	3-3-1-25	9.4%	18.8%	21.9%	39%	65%
4歳	3-0-2-11	18.8%	18.8%	31.3%	141%	72%
5歳	4-3-2-4	30.8%	53.8%	69.2%	134%	155%
6歳	0-0-0-1	0.0%	0.0%	0.0%	0%	0%
7歳以上	0-1-0-7	0.0%	12.5%	12.5%	0%	75%

注目ポイント!

【岩田康誠騎手】×【5歳】(4-3-2-4)の狙いはこれだ!

| 単勝人気 | 1〜5番人気(4-3-1-0) | 枠 | 4〜5枠(3-1-0-0) |

メイショウゾンビ(3番人気1着) 14年2月1日、京都ダ1200m、4歳上1000万下

❶【岩田康誠騎手】×❷【5歳】×❸【1〜5番人気】×❹【4〜5枠】

好走の方程式

川田将雅 騎手

メイショウ馬騎手ランク	8位

メイショウ馬 VS 全馬 徹底比較!

【川田将雅騎手】

	着別度数	勝率	連対率	複勝率	単勝回収率	複勝回収率
メイショウ馬	11-4-5-22	26.2%	35.7%	47.6%	156%	99%
全馬	561-457-409-1960	16.6%	30.1%	42.1%	81%	85%

超メイショウランク ★★★ ゴールドM

13年のフィリーズレビューでメイショウマンボを勝利に導いた川田将雅騎手。メイショウ馬には頻繁に騎乗しており、騎手ランクは8位。複勝率約48%、単勝回収率156%を記録するなど、相性がよいジョッキーのひとりだ。

メイショウ馬 VS 全馬 徹底比較!

【川田将雅騎手】×【阪神ダ1400m】

	着別度数	勝率	連対率	複勝率	単勝回収率	複勝回収率
メイショウ馬	4-1-1-0	66.7%	83.3%	100.0%	430%	231%
全馬	42-24-15-75	26.9%	42.3%	51.9%	128%	100%

超メイショウランク ★★★ ゴールドM

川田将雅騎手がメイショウ馬に騎乗した場合、とくに成績が良いコースは阪神ダ1400m(4-1-1-0)だ。6度騎乗してすべて馬券に絡んでおり、**単勝回収率は430%**と規格外だ。このコースで500万下や逃げ先行脚質の場合は、どちらも4戦4勝とパーフェクト。そんな条件の馬を見つけたら、全力買いでいきたい。ちなみに川田将雅騎手は全馬でも阪神ダ1400mはもっとも勝利数が多く得意にしているので、こちらも要チェックだ。

川田将雅騎手のコース別成績(勝利数順)

コース	着別度数	勝率	連対率	複勝率	単勝回収率	複勝回収率
阪神ダ1400m	4-1-1-0	66.7%	83.3%	100.0%	430%	231%
小倉ダ1700m	1-1-1-3	16.7%	33.3%	50.0%	133%	106%
阪神芝2000m	1-0-1-0	50.0%	50.0%	100.0%	295%	260%
阪神ダ1200m	1-0-0-2	33.3%	33.3%	33.3%	113%	40%
阪神芝1200m	1-0-0-1	50.0%	50.0%	50.0%	270%	110%

注目ポイント!

【川田将雅騎手】×【阪神ダ1400m】(4-1-1-0)の狙いはこれだ!

クラス	500万下(4-0-0-0)	脚質	逃げ先行(4-0-0-0)

メイショウタラチネ(2番人気1着) 16年12月17日、阪神ダ1400m、3歳上500万下
❶【川田将雅騎手】×❷【阪神ダ1400m】×❸【500万下】×❹【逃げ先行】

好走の方程式

秋山真一郎 騎手

| メイショウ馬 騎手ランク | **9位** |

メイショウ馬 VS 全馬 徹底比較!

【秋山真一郎騎手】

	着別度数	勝率	連対率	複勝率	単勝回収率	複勝回収率
メイショウ馬	10-5-12-118	6.9%	10.3%	18.6%	79%	70%
全馬	191-206-207-2009	7.3%	15.2%	23.1%	91%	85%

メイショウ馬の騎手ランク9位は、いぶし銀や腕達者として知られている秋山真一郎騎手。メイショウ馬では複勝率約19%と今ひとつだが、単複回収率は平均的。全馬だと単勝回収率91%、複勝回収率85%と高い数値を叩き出している。

メイショウ馬 VS 全馬 徹底比較!

【秋山真一郎騎手】×【京都】

	着別度数	勝率	連対率	複勝率	単勝回収率	複勝回収率
メイショウ馬	4-3-3-41	7.8%	13.7%	19.6%	158%	93%
全馬	30-40-38-375	6.2%	14.5%	22.4%	76%	84%

超メイショウランク
ゴールドM

秋山真一郎騎手がメイショウ馬に騎乗した場合、**京都競馬場(4-3-3-41)** が狙い目だ。複勝率は約20%と平均的だが、単勝回収率が158%と際立っている。ただし、阪神競馬場(1-1-5-37)は単勝回収率3%、複勝回収率47%と買えない。さらに京都のダ1400m(3-1-0-11)や平場(4-3-2-27)だった場合、好走確率が上がるので、勝負の価値がありそうだ。

秋山真一郎騎手の主な競馬場別成績

競馬場	着別度数	勝率	連対率	複勝率	単勝回収率	複勝回収率
東京	1-0-1-2	25.0%	25.0%	50.0%	207%	200%
中山	0-0-0-1	0.0%	0.0%	0.0%	0%	0%
中京	3-0-1-13	17.6%	17.6%	23.5%	97%	52%
京都	4-3-3-41	7.8%	13.7%	19.6%	158%	93%
阪神	1-1-5-37	2.3%	4.5%	15.9%	3%	47%
小倉	1-1-1-15	5.6%	11.1%	16.7%	48%	77%

注目ポイント!

【秋山真一郎騎手】×【京都】(4-3-3-41)の狙いはこれだ!

| 距離 | ダ1400m(3-1-0-11) | レース条件 | 平場(4-3-2-27) |

メイショウヤクシマ(8番人気1着)　18年4月28日、京都ダ1400m、4歳上500万下
❶【秋山真一郎騎手】×❷【京都】×❸【ダ1400m】×❹【平場】

好走の方程式

南井克巳 厩舎

メイショウ馬	1位
厩舎ランク	

メイショウ馬 VS 全馬 徹底比較!

超メイショウランク

【南井克巳厩舎】

	着別度数	勝率	連対率	複勝率	単勝回収率	複勝回収率
メイショウ馬	36-37-35-334	8.1%	16.5%	24.4%	157%	82%
全馬	124-120-95-1124	8.5%	16.7%	23.2%	138%	79%

シルバーM

厩舎は基本的に関西中心。上位ランクも全て栗東所属。厩舎ランク1位は、南井克巳厩舎。シリウスSに勝利したメイショウスミトモが所属している。**単勝回収率が157%**と突出しており、1着固定で狙いたい。全馬の単勝回収率も素晴らしく、馬券妙味十分だ。

メイショウ馬 VS 全馬 徹底比較!

超メイショウランク

【南井克巳厩舎】×【和田竜二騎手】

	着別度数	勝率	連対率	複勝率	単勝回収率	複勝回収率
メイショウ馬	4-9-6-27	8.7%	28.3%	41.3%	98%	116%
全馬	15-22-20-125	8.2%	20.3%	31.3%	72%	81%

ゴールドM

南井克巳厩舎でもっとも勝利している騎手は古川吉洋(6-6-8-53)だが、こちらは同騎手のページを見てほしい。ランク上位の騎手はみな回収率が素晴らしく、とくに**オススメは和田竜二騎手(4-9-6-27)**。複勝率が41%と高く、500万下(1-3-0-1)やダートの良馬場(2-5-2-9)だと、さらに好走確率がアップする。この組み合わせを見つけたら、買い目に入れて後悔はしないはずだ。

メイショウ馬

南井克巳厩舎の騎手別成績(勝利数順)

騎手	着別度数	勝率	連対率	複勝率	単勝回収率	複勝回収率
古川吉洋	6-6-8-53	8.2%	16.4%	27.4%	591%	156%
和田竜二	4-9-6-27	8.7%	28.3%	41.3%	98%	116%
熊沢重文	4-1-2-12	21.1%	26.3%	36.8%	105%	63%
藤岡康太	3-2-3-21	10.3%	17.2%	27.6%	190%	127%
武豊	3-2-2-13	15.0%	25.0%	35.0%	103%	125%

注目ポイント!

【南井克巳厩舎】×【和田竜二騎手】(4-9-6-27)の狙いはこれだ!

クラス	500万下(1-3-0-1)	馬場状態	ダートの良(2-5-2-9)

メイショウオオカゼ(7番人気1着) 13年9月29日、阪神ダ1800m、3歳上500万下

❶【南井克巳厩舎】×❷【和田竜二騎手】×❸【500万下】×❹【ダートの良】

好走の方程式

メイショウ馬 vs 全馬 徹底比較！

超メイショウランク

【南井克巳厩舎】×【阪神ダ1800m】

	着別度数	勝率	連対率	複勝率	単勝回収率	複勝回収率
メイショウ馬	4-4-5-24	10.8%	21.6%	35.1%	177%	128%
全馬	6-10-9-58	7.2%	19.3%	30.1%	91%	91%

★★★ ゴールドM

メイショウ馬における南井克巳厩舎のコース別成績は、**阪神ダ1800m(4-4-5-24)が最多勝**。**単勝回収率は177%**と突出しており、積極的にアタマから狙いたい。阪神ダ1400m(2-2-3-5)も複勝率58%、単複回収率が100%を上回り、こちらもオススメ。ちなみに南井克巳厩舎は阪神ダート(8-6-9-37)の単勝回収率は258%。距離不問の好相性だ。

メイショウ馬

南井克巳厩舎のコース別成績（勝利数順）

コース	着別度数	勝率	連対率	複勝率	単勝回収率	複勝回収率
阪神ダ1800m	4-4-5-24	10.8%	21.6%	35.1%	177	128
函館ダ1700m	3-3-6-25	8.1%	16.2%	32.4%	95	79
札幌ダ1700m	3-3-3-15	12.5%	25.0%	37.5%	86	87
阪神ダ1400m	2-2-3-5	16.7%	33.3%	58.3%	112	143
中京ダ1800m	2-0-1-9	16.7%	16.7%	25.0%	181	51

注目ポイント！

【南井克巳厩舎】×【阪神ダ1800m】(4-4-5-24)の狙いはこれだ！

生産者 フジワラファーム(1-1-5-8)　　**馬体重** 500kg以上(2-2-1-4)

メイショウイマワカ（5番人気3着） 13年4月7日、阪神ダ1800m、3歳未勝利

❶【南井克巳厩舎】×❷【阪神ダ1800m】×❸【フジワラファーム】×❹【500kg以上】

好走の方程式

その他参考データ メイショウ馬

南井克巳厩舎の生産者、種牡馬別成績

		着別度数	勝率	連対率	複勝率	単勝回収率	複勝回収率
生産者	フジワラファーム	10-9-15-97	7.6%	14.5%	26.0%	126%	73%
	王蔵牧場	6-2-3-30	14.6%	19.5%	26.8%	786%	195%
	富田牧場	4-1-3-27	11.4%	14.3%	22.9%	92%	77%
	三石川上牧場	4-0-1-15	20.0%	20.0%	25.0%	226%	68%
	三嶋牧場	3-6-6-24	7.7%	23.1%	38.5%	76%	96%
種牡馬	メイショウボーラー	14-5-6-55	17.5%	23.8%	31.3%	498%	154%
	ゴールドアリュール	7-2-6-32	14.9%	19.1%	31.9%	329%	127%
	スタチューオブリバティ	2-4-3-21	6.7%	20.0%	30.0%	171%	104%
	スズカマンボ	2-3-2-37	4.5%	11.4%	15.9%	30%	61%
	アイルハヴアナザー	2-2-0-10	14.3%	28.6%	28.6%	70%	53%

本田優 厩舎

	メイショウ馬
厩舎ランク	2位

メイショウ馬 VS 全馬 徹底比較!

【本田優厩舎】

	着別度数	勝率	連対率	複勝率	単勝回収率	複勝回収率
メイショウ馬	28-21-20-304	7.5%	13.1%	18.5%	75%	86%
全馬	146-134-142-1400	8.0%	15.4%	23.2%	84%	83%

騎手としても調教師としてもG1タイトルを獲得している本田優氏率いる厩舎。調教師ランクでは堂々の2位だ。メイショウ馬の複勝率は約19%と今ひとつだが、複勝回収率は86%をマークしており、なかなかの結果を残している。

メイショウ馬 VS 全馬 徹底比較!

【本田優厩舎】×【メイショウボーラー産駒】

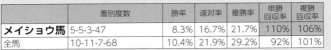

超メイショウランク

ブロンズM

	着別度数	勝率	連対率	複勝率	単勝回収率	複勝回収率
メイショウ馬	5-5-3-47	8.3%	16.7%	21.7%	110%	106%
全馬	10-11-7-68	10.4%	21.9%	29.2%	92%	101%

本田優厩舎所属のメイショウ馬は、メイショウボーラーとメイショウサムソン産駒が勝利数の1、2位。とくに**メイショウボーラー産駒は単複回収率で100%を超えており**、3歳(5-4-3-37)やダートの1600〜1800m(3-2-2-13)だと好成績を残す傾向にある。

メイショウ馬 本田優厩舎の種牡馬別成績（勝利数順）

種牡馬	着別度数	勝率	連対率	複勝率	単勝回収率	複勝回収率
メイショウボーラー	5-5-3-47	8.3%	16.7%	21.7%	110%	106%
メイショウサムソン	4-3-2-38	8.5%	14.9%	19.1%	45%	44%
ロージズインメイ	3-2-2-29	8.3%	13.9%	19.4%	64%	77%
パイロ	3-0-1-21	12.0%	12.0%	16.0%	74%	89%
ヴィクトワールピサ	2-5-4-16	7.4%	25.9%	40.7%	17%	126%

注目ポイント!

【本田優厩舎】×【メイショウボーラー産駒】(5-5-3-47)の狙いはこれだ!

| 年齢 | 3歳(5-4-3-37) | 距離 | ダ1600〜1800m(3-2-2-13) |

メイショウサワカゼ(10番人気3着)　17年6月18日、函館ダ1700m、3歳未勝利

❶【本田優厩舎】×❷【メイショウボーラー産駒】×❸【3歳】×❹【ダ1600〜1800m】

好走の方程式

池添兼雄 厩舎

| メイショウ馬 厩舎ランク | **3**位 |

メイショウ馬 VS 全馬 徹底比較！

【池添兼雄厩舎】

	着別度数	勝率	連対率	複勝率	単勝回収率	複勝回収率
メイショウ馬	26-16-26-232	8.7%	14.0%	22.7%	113%	75%
全馬	102-101-105-1052	7.5%	14.9%	22.6%	74%	73%

超メイショウランク
ゴールドM

メイショウベルーガでおなじみの池添兼雄厩舎は、メイショウ馬で26勝を記録して厩舎ランク3位。多くの馬を預かりながら、さらに**単勝回収率113%**という傑出した数字を残している。全馬との比較も上々で、池添兼雄厩舎のメイショウ馬は「買い」だ。

メイショウ馬 VS 全馬 徹底比較！

【池添兼雄厩舎】×【池添謙一騎手】

	着別度数	勝率	連対率	複勝率	単勝回収率	複勝回収率
メイショウ馬	15-7-10-60	16.3%	23.9%	34.8%	113%	81%
全馬	44-46-39-278	10.8%	22.1%	31.7%	81%	79%

超メイショウランク
シルバーM

池添兼雄厩舎といえば、息子である**池添謙一騎手(15-7-10-60)**に騎乗依頼することが多い。勝ち星は、他の騎手を大きく引き離している。この組み合わせは全馬との比較してもメイショウ馬が優勢。そしてこの親子コンビの場合、阪神ダ1200m(2-3-3-2)やダートの1000万下(3-2-1-3)だと、馬券に絡む確率が高いので注意したい。

メイショウ馬

池添兼雄厩舎の騎手別成績（勝利数順）

騎手	着別度数	勝率	連対率	複勝率	単勝回収率	複勝回収率
池添謙一	15-7-10-60	16.3%	23.9%	34.8%	113%	81%
西谷誠	3-2-2-10	17.6%	29.4%	41.2%	75%	81%
城戸義政	2-0-0-11	15.4%	15.4%	15.4%	974%	158%
松山弘平	1-1-6-34	2.4%	4.8%	19.0%	20%	118%
藤岡佑介	1-0-0-2	33.3%	33.3%	33.3%	70%	40%

注目ポイント！

【池添兼雄厩舎】×【池添謙一騎手】(15-7-10-60)の狙いはこれだ！

| コース | 阪神ダ1200m(2-3-3-2) | ダートのクラス | 1000万下(3-2-1-3) |

メイショウワダイコ（8番人気2着） 15年12月6日、阪神ダ1200m、3歳上1000万下

❶【池添兼雄厩舎】×❷【池添謙一騎手】×❸【阪神ダ1200m】×❹【1000万下】

好走の方程式

安達昭夫 厩舎

	メイショウ馬
厩舎ランク	**4位**

メイショウ馬 VS 全馬 徹底比較！

【安達昭夫厩舎】

	着別度数	勝率	連対率	複勝率	単勝回収率	複勝回収率
メイショウ馬	22-18-12-219	8.1%	14.8%	19.2%	155%	75%
全馬	78-64-80-908	6.9%	12.6%	19.6%	96%	80%

超メイショウランク
★★★
ゴールドM

安達昭夫厩舎は04年にメイショウオスカルがフローラSを勝つなど、メイショウ馬との関わりが深い。厩舎ランクは4位。単勝回収率が155%と優秀で、ランク上位厩舎の中では南井克巳厩舎と並んで1着固定で狙いたい厩舎だ。

メイショウ馬 VS 全馬 徹底比較！

【安達昭夫厩舎】×【母父フジキセキ】

	着別度数	勝率	連対率	複勝率	単勝回収率	複勝回収率
メイショウ馬	11-9-7-53	13.8%	25.0%	33.8%	232%	121%
全馬	11-9-7-64	12.1%	22.0%	29.7%	204%	106%

超メイショウランク
★★★
ゴールドM

安達昭夫厩舎の特徴は、**母父フジキセキ(11-9-7-53)の成績が良い点**。メイショウウタゲ(7-5-4-16)やメイショウモウコ(2-2-0-6)が該当し、好走確率や回収率が高い。母父フジキセキのメイショウ馬の狙いは、距離1600～1700m(3-0-2-5)と4歳馬(5-3-1-5)。この条件にマッチする馬がいたら、激走のサインだ。

安達昭夫厩舎の母父別成績（勝利数順）

母父	着別度数	勝率	連対率	複勝率	単勝回収率	複勝回収率
フジキセキ	11-9-7-53	13.8%	25.0%	33.8%	232%	121%
Green Desert	4-2-2-12	20.0%	30.0%	40.0%	155%	99%
クリエイター	2-3-2-24	6.5%	16.1%	22.6%	82%	59%
フレンチデピュティ	1-1-1-9	8.3%	16.7%	25.0%	28%	38%
メイショウホムラ	1-1-0-16	5.6%	11.1%	11.1%	303%	100%

注目ポイント！

【安達昭夫厩舎】×【母父フジキセキ】(11-9-7-53)の狙いはこれだ！

距離 1600～1700m (3-0-2-5)　　**年齢** 4歳 (5-3-1-5)

メイショウウタゲ (1番人気1着)　15年8月8日、小倉ダ1700m、3歳上500万下

❶【安達昭夫厩舎】×❷【母父フジキセキ】×❸【1600～1700m】×❹【4歳】

好走の方程式

荒川義之 厩舎

| メイショウ馬 厩舎ランク | **5位** |

メイショウ馬 VS 全馬 徹底比較!

【荒川義之厩舎】

	着別度数	勝率	連対率	複勝率	単勝回収率	複勝回収率
メイショウ馬	20-25-26-324	5.1%	11.4%	18.0%	34%	76%
全馬	92-115-94-1252	5.9%	13.3%	19.4%	66%	83%

メイショウカンパクでおなじみの荒川義之厩舎はメイショウ馬で20勝を挙げており、厩舎ランク5位。ただし、好走率や回収率は今ひとつで、全馬と比較しても苦戦している。とくに単勝回収率は34%と低い。そんな荒川義之厩舎はどんな組み合わせだと走るのだろうか?

メイショウ馬 VS 全馬 徹底比較!

【荒川義之厩舎】×【浜中俊騎手】

超メイショウランク

	着別度数	勝率	連対率	複勝率	単勝回収率	複勝回収率
メイショウ馬	5-2-2-8	29.4%	41.2%	52.9%	278%	135%
全馬	14-7-5-49	18.7%	28.0%	34.7%	146%	96%

★★★ ゴールドM

荒川義之厩舎のメイショウ馬で圧倒的に相性がいいのは**浜中俊騎手(5-2-2-8)**だ。もっとも勝ち星が多く、複勝率52%、単勝回収率278%と突出している。浜中俊騎手は芝のレースや京都競馬場で荒川義之厩舎のメイショウ馬に騎乗すると、さらに成績が良くなる。ほかには蛯名正義騎手(2-4-3-12)も荒川厩舎のメイショウ馬と好相性だ。

荒川義之厩舎の騎手別成績(勝利数順)

騎手	着別度数	勝率	連対率	複勝率	単勝回収率	複勝回収率
浜中俊	5-2-2-8	29.4%	41.2%	52.9%	278%	135%
川島信二	2-5-4-36	4.3%	14.9%	23.4%	43%	87%
蛯名正義	2-4-3-12	9.5%	28.6%	42.9%	31%	95%
吉田隼人	2-1-3-24	6.7%	10.0%	20.0%	54%	43%
城戸義政	1-2-0-19	4.5%	13.6%	13.6%	11%	54%

注目ポイント!

【荒川義之厩舎】×【浜中俊騎手】(5-2-2-8)の狙いはこれだ!

 芝(2-1-2-1)   京都(2-2-1-1)

メイショウグロッケ(3番人気2着) 17年4月22日、京都芝1800m、3歳未勝利

❶【荒川義之厩舎】×❷【浜中俊騎手】×❸【芝】×❹【京都】

好走の方程式

メイショウボーラー 産駒

メイショウ馬 種牡馬ランク	**1位**

メイショウ馬 VS 全馬 徹底比較！

【メイショウボーラー産駒】

	着別度数	勝率	連対率	複勝率	単勝回収率	複勝回収率
メイショウ馬	68-57-48-669	8.1%	14.8%	20.5%	139%	86%
全馬	187-177-164-2576	6.0%	11.7%	17.0%	95%	70%

超メイショウランク ★★★ **ゴールドM**

メイショウ馬の種牡馬別成績は、メイショウボーラー産駒（68-57-48-669）がトップ。全馬との比較でもメイショウ馬が優勢で、特に**単勝回収率は139％**と突出している。また、複勝率は20％を超えており、馬券に絡む確率も高い。

メイショウ馬 VS 全馬 徹底比較！

【メイショウボーラー産駒】×【武豊騎手】

	着別度数	勝率	連対率	複勝率	単勝回収率	複勝回収率
メイショウ馬	5-6-2-24	13.5%	29.7%	35.1%	168%	82%
全馬	6-6-2-30	13.6%	27.3%	31.8%	161%	76%

超メイショウランク **ブロンズM**

メイショウボーラー産駒の騎手別成績では、**武豊騎手（5-6-2-24）が首位**。全馬との比較では互角、というより武豊騎手が騎乗したメイショウボーラー産駒はメイショウ馬がほとんどを占めている。また、川島信二騎手（4-2-2-15）は単勝回収率541％と抜きんでた数字を残している。ちなみに武豊騎手がメイショウボーラー産駒のメイショウ馬に騎乗した場合は、500万下や1400mが好成績だ。

メイショウボーラー産駒の騎手別成績（勝利数順）

騎手	着別度数	勝率	連対率	複勝率	単勝回収率	複勝回収率
武豊	5-6-2-24	13.5%	29.7%	35.1%	168%	82%
幸英明	4-3-1-25	12.1%	21.2%	24.2%	96%	71%
川島信二	4-2-2-15	17.4%	26.1%	34.8%	541%	175%
熊沢重文	4-1-2-11	22.2%	27.8%	38.9%	111%	67%
池添謙一	3-2-2-19	11.5%	19.2%	26.9%	190%	93%

注目ポイント！

【メイショウボーラー産駒】×【武豊騎手】（5-6-2-24）の狙いはこれだ！

クラス	500万下（2-3-0-5）	距離	1400m（4-1-1-7）

メイショウシャチ（8番人気1着）　16年1月31日、京都芝1400m、3歳500万下

❶【メイショウボーラー産駒】×❷【武豊騎手】×❸【500万下】×❹【1400m】

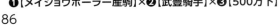

好走の方程式

メイショウ馬 VS 全馬 徹底比較!

【メイショウボーラー産駒】×【南井克巳厩舎】

	着別度数	勝率	連対率	複勝率	単勝回収率	複勝回収率
メイショウ馬	14-5-6-55	17.5%	23.8%	31.3%	498%	154%
全馬	17-12-9-78	14.7%	25.0%	32.8%	386%	139%

超メイショウランク
★★★
ゴールドM

メイショウボーラー産駒の厩舎別成績は、**南井克巳厩舎が(14-5-6-55)が最多勝**。とくに**単勝回収率は498%**を記録し、1着狙いが有効だ。全馬との比較でもメイショウ馬が優る。単勝回収率では、安達昭夫厩舎(8-5-3-50)が234%で他を圧倒。なお、南井克巳厩舎のメイショウボーラー産駒の狙い目はダ1400m(3-1-1-3)で、ダ1200m(1-1-1-6)は今ひとつだ。

メイショウ馬

メイショウボーラー産駒の厩舎別成績(勝利数順)

厩舎	着別度数	勝率	連対率	複勝率	単勝回収率	複勝回収率
(栗東)南井克巳	14-5-6-55	17.5%	23.8%	31.3%	498%	154%
(栗東)飯田祐史	8-11-7-54	10.0%	23.8%	32.5%	57%	100%
(栗東)安達昭夫	8-5-3-50	12.1%	19.7%	24.2%	234%	80%
(栗東)浅見秀一	6-4-6-59	8.0%	13.3%	21.3%	88%	86%
(栗東)本田優	5-5-3-47	8.3%	16.7%	21.7%	110%	106%

注目ポイント!

【メイショウボーラー産駒】×【南井克巳厩舎】(14-5-6-55)の狙いはこれだ!

距離 ダ1400m(3-1-1-3)　　**季節** 10〜12月(3-2-0-4)

メイショウイサナ (5番人気1着)　17年12月2日、阪神ダ1400m、2歳新馬

❶【メイショウボーラー産駒】×❷【南井克巳厩舎】×❸【ダ1400m】×❹【10〜12月】

好走の方程式

その他参考データ

メイショウ馬

メイショウボーラー産駒のコース、母父別成績

		着別度数	勝率	連対率	複勝率	単勝回収率	複勝回収率
コース	京都ダ1400m	8-11-4-46	11.6%	27.5%	33.3%	75%	97%
	阪神ダ1400m	7-6-7-30	14.0%	26.0%	40.0%	128%	128%
	京都ダ1800m	5-2-1-26	14.7%	20.6%	23.5%	107%	43%
	福島ダ1700m	5-0-1-4	50.0%	50.0%	60.0%	502%	140%
	阪神ダ1200m	4-4-2-49	6.8%	13.6%	16.9%	48%	46%
母父	Kris S.	8-6-4-82	8.0%	14.0%	18.0%	195%	59%
	キンググローリアス	6-2-3-30	14.6%	19.5%	26.8%	786%	195%
	Green Desert	5-5-2-21	15.2%	30.3%	36.4%	213%	114%
	Elusive Quality	5-2-3-16	19.2%	26.9%	38.5%	206%	172%
	スキャン	5-1-1-19	19.2%	23.1%	26.9%	102%	68%

メイショウサムソン 産駒

メイショウ馬 / 種牡馬ランク **2位**

メイショウ馬 VS 全馬 徹底比較!

【メイショウサムソン産駒】

	着別度数	勝率	連対率	複勝率	単勝回収率	複勝回収率
メイショウ馬	41-35-40-502	6.6%	12.3%	18.8%	54%	70%
全馬	169-176-177-2097	6.5%	13.2%	19.9%	76%	76%

メイショウ馬の種牡馬別成績の2位はメイショウサムソン(41-35-40-502)。首位のメイショウボーラーが単勝回収率139%なのに対して、こちらは54%と低く、全馬と比較しても20ポイントも下回っている。そんなメイショウサムソン産駒の走るパターンを探る。

メイショウ馬 VS 全馬 徹底比較!

超メイショウランク

【メイショウサムソン産駒】×【母父バブルガムフェロー】

	着別度数	勝率	連対率	複勝率	単勝回収率	複勝回収率
メイショウ馬	9-7-9-44	13.0%	23.2%	36.2%	69%	90%
全馬	9-7-9-45	12.9%	22.9%	35.7%	68%	89%

ブロンズM

メイショウサムソン産駒と相性の良い母父はバブルガムフェロー(9-7-9-44)だ。複勝率が36%と高く、複勝回収率も90%と上々だ。全馬との比較はほぼ同じというより、メイショウ馬以外の母父バブルガムフェローは1走して着外1回のみ。なお、母父の成績はサンデーサイレンス系が上位を占めているが、単勝回収率がそれほど高くないのが特徴だ。

メイショウサムソン産駒の母父別成績(勝利数順)

母父	着別度数	勝率	連対率	複勝率	単勝回収率	複勝回収率
バブルガムフェロー	9-7-9-44	13.0%	23.2%	36.2%	69%	90%
サンデーサイレンス	6-5-2-84	6.2%	11.3%	13.4%	51%	116%
ダンスインザダーク	4-3-2-37	8.7%	15.2%	19.6%	48%	45%
アドマイヤベガ	4-1-4-21	13.3%	16.7%	30.0%	91%	67%
マンハッタンカフェ	3-3-5-28	7.7%	15.4%	28.2%	61%	105%

注目ポイント!

【メイショウサムソン産駒】×【母父バブルガムフェロー】((9-7-9-44)の狙いはこれだ!

距離	ダ1600~1700m(3-4-4-11)	単勝人気	3番人気(2-0-3-1)

メイショウソラーレ(3番人気1着)　14年5月11日、東京ダ1600m、日吉特別

❶【メイショウサムソン産駒】×❷【母父バブルガムフェロー】×❸【ダ1600~1700m】×❹【3番人気】

好走の方程式

メイショウ馬 VS 全馬 徹底比較!

【メイショウサムソン産駒】×【中京ダート】

超メイショウランク
★★★
ゴールドM

	着別度数	勝率	連対率	複勝率	単勝回収率	複勝回収率
メイショウ馬	4-1-3-30	10.5%	13.2%	21.1%	199%	222%
全馬	8-6-7-87	7.4%	13.0%	19.4%	166%	182%

メイショウサムソン産駒の芝ダート別の成績は、芝(16-14-14-219)は複勝率16%、複勝回収率48%、ダート(20-16-24-268)は複勝率18%、複勝回収率84%とダートが優勢だ。ダートの狙い目は、ずばり**中京(4-1-3-30)**。単複回収率が200%前後と際立っている。前走単勝10番人気以下だった馬(3-0-1-16)が、波乱の立役者になることが多い。

メイショウサムソン産駒のダートの競馬場別成績

競馬場	着別度数	勝率	連対率	複勝率	単勝回収率	複勝回収率
札幌	0-0-1-14	0.0%	0.0%	6.7%	0%	9%
函館	2-2-1-15	10.0%	20.0%	25.0%	167%	83%
福島	0-0-1-10	0.0%	0.0%	9.1%	0%	30%
新潟	0-3-2-10	0.0%	20.0%	33.3%	0%	248%
東京	1-0-1-13	6.7%	6.7%	13.3%	50%	37%
中山	2-0-0-19	9.5%	9.5%	9.5%	80%	19%
中京	4-1-3-30	10.5%	13.2%	21.1%	199%	222%
京都	4-4-5-67	5.0%	10.0%	16.3%	20%	52%
阪神	4-2-7-69	4.9%	7.3%	15.9%	46%	68%
小倉	3-4-3-24	8.8%	20.6%	29.4%	57%	83%

注目ポイント!

【メイショウサムソン産駒】×【中京ダート】(4-1-3-30)の狙いはこれだ!

年齢 5歳(1-1-1-1) **前走単勝人気** 10番人気以下(3-0-1-16)

メイショウカイモン(14番人気3着)　16年1月30日、中京ダ1400m、4歳上500万下

❶【メイショウサムソン産駒】×❷【中京ダート】×❸【5歳】×❹【前走10番人気以下】

好走の方程式

その他参考データ メイショウサムソン産駒のコース、騎手別成績

		着別度数	勝率	連対率	複勝率	単勝回収率	複勝回収率
コース	中京ダ1800m	4-1-2-17	16.7%	20.8%	29.2%	315%	125%
	小倉ダ1700m	3-4-3-22	9.4%	21.9%	31.3%	60%	88%
	阪神ダ1800m	3-2-5-50	5.0%	8.3%	16.7%	48%	83%
	京都ダ1800m	2-2-3-41	4.2%	8.3%	14.6%	17%	68%
	函館ダ1700m	2-2-1-15	10.0%	20.0%	25.0%	167%	83%
騎手	国分優作	4-1-2-16	17.4%	21.7%	30.4%	324%	124%
	高田潤	3-1-0-1	60.0%	80.0%	80.0%	194%	162%
	岩崎翼	3-0-1-10	21.4%	21.4%	28.6%	135%	124%
	藤岡佑介	2-3-0-5	20.0%	50.0%	50.0%	75%	98%
	幸英明	2-1-5-33	4.9%	7.3%	19.5%	40%	82%

マンハッタンカフェ 産駒

	メイショウ馬
種牡馬ランク	**3位**

メイショウ馬 VS 全馬 徹底比較!

【マンハッタンカフェ産駒】

	着別度数	勝率	連対率	複勝率	単勝回収率	複勝回収率
メイショウ馬	21-17-19-189	8.5%	15.4%	23.2%	88%	71%
全馬	479-468-438-4206	8.6%	16.9%	24.8%	70%	76%

超メイショウランク
ブロンズM

現役時代は天皇賞(春)などG1を3勝し、種牡馬としてはメイショウオリアを輩出したマンハッタンカフェ。メイショウ馬の種牡馬ランク3位に食い込んでいる。好走確率は全馬とほぼ互角だが、単勝回収率が88%と高水準。

メイショウ馬 VS 全馬 徹底比較!

【マンハッタンカフェ産駒】×【ダ1800m】

	着別度数	勝率	連対率	複勝率	単勝回収率	複勝回収率
メイショウ馬	5-8-3-34	10.0%	26.0%	32.0%	**204%**	93%
全馬	77-65-64-635	9.2%	16.9%	24.5%	77%	70%

超メイショウランク
ゴールドM

マンハッタンカフェ産駒の芝ダート別の成績は、芝(11-5-11-107)は複勝率20%、複勝回収率72%、ダート(10-12-8-79)は複勝率27%、複勝回収率69%とダートがやや優勢だ。ダートで狙ってみたいのは1800m(5-8-3-34)。複勝率32%、単勝回収率は**圧巻の204%**だ。最終レースや1000万下に出走してきたら、素直に狙いたい。

マンハッタンカフェ産駒の主なダート距離別成績

ダートの距離	着別度数	勝率	連対率	複勝率	単勝回収率	複勝回収率
1200m	3-2-1-11	17.6%	29.4%	35.3%	128%	80%
1400m	0-1-2-14	0.0%	5.9%	17.6%	0%	38%
1600m	1-0-1-2	25.0%	25.0%	50.0%	207%	100%
1700m	1-1-1-13	6.3%	12.5%	18.8%	29%	37%
1800m	5-8-3-34	10.0%	26.0%	32.0%	204%	93%
1900m	0-0-0-4	0	0	0	0%	0%

注目ポイント!

👉 【マンハッタンカフェ産駒】×【ダ1800m】(5-8-3-34)の狙いはこれだ!

競走番号	最終レース(1-2-0-1)	クラス	1000万下(2-2-1-1)

メイショウコロンボ(2番人気1着)　13年4月6日、阪神ダ1800m、4歳上1000万下

❶【マンハッタンカフェ産駒】×❷【ダ1800m】×❸【最終レース】×❹【1000万下】

メイショウ馬 VS 全馬 徹底比較!

【マンハッタンカフェ産駒】×【牡】

超メイショウランク
ブロンズM

	着別度数	勝率	連対率	複勝率	単勝回収率	複勝回収率
メイショウ馬	15-13-12-91	11.5%	21.4%	30.5%	77%	78%
全馬	169-178-167-1470	8.5%	17.5%	25.9%	72%	81%

メイショウ馬のマンハッタンカフェ産駒は**牡馬(15-13-12-91)**がよく走る。牝馬と比較しても、勝率や連対率は2倍以上の差をつけており、全馬に対しても優勢だ。もしメイショウの牡馬が阪神ダート(1-4-2-7)や稍重(3-4-4-6)の条件で出走してきたら、高確率で馬券に絡むため、しっかりとチェックしておきたい。

マンハッタンカフェ産駒の性別成績

性別	着別度数	勝率	連対率	複勝率	単勝回収率	複勝回収率
牡	15-13-12-91	11.5%	21.4%	30.5%	77%	78%
牝	6-4-7-95	5.4%	8.9%	15.2%	104%	64%

注目ポイント!

 【マンハッタンカフェ産駒】×【牡】(15-13-12-91)の狙いはこれだ!

| 競馬場 | 阪神ダート(1-4-2-7) | | ダートの馬場 | 稍重(3-4-4-6) |

メイショウアリソン (6番人気3着)　17年2月25日、阪神ダ1400m、3歳500万下

❶【マンハッタンカフェ産駒】×❷【牡】×❸【阪神ダート】×❹【稍重】

好走の方程式

その他参考データ   **マンハッタンカフェ産駒のコース、騎手別成績**

		着別度数	勝率	連対率	複勝率	単勝回収率	複勝回収率
コース	中京ダ1800m	3-1-0-7	27.3%	36.4%	36.4%	872%	184%
	京都ダ1200m	3-1-0-4	37.5%	50.0%	50.0%	272%	122%
	阪神ダ1800m	2-3-0-14	10.5%	26.3%	26.3%	32%	40%
	京都芝2000m	2-0-2-5	22.2%	22.2%	44.4%	98%	132%
	小倉芝2000m	1-1-0-8	10.0%	20.0%	20.0%	32%	74%
騎手	国分恭介	3-1-3-10	17.6%	23.5%	41.2%	89%	142%
	武豊	3-1-2-10	18.8%	25.0%	37.5%	108%	68%
	池添謙一	2-3-2-6	15.4%	38.5%	53.8%	143%	127%
	浜中俊	1-2-2-3	12.5%	37.5%	62.5%	21%	77%
	岩田康誠	1-2-2-1	16.7%	50.0%	83.3%	238%	225%

タイキシャトル 産駒

| | メイショウ馬 種牡馬ランク | **4位** |

メイショウ馬 VS 全馬 徹底比較!

【タイキシャトル産駒】

	着別度数	勝率	連対率	複勝率	単勝回収率	複勝回収率
メイショウ馬	14-10-14-127	8.5%	14.5%	23.0%	47%	69%
全馬	178-172-184-2586	5.7%	11.2%	17.1%	77%	70%

メイショウボーラーの父としてもおなじみのタイキシャトル。メイショウ馬の種牡馬ランクは4位で、複勝率は23%とまずまず。一方で、勝率こそ良いが、単勝回収率が47%と低調。全馬との比較では30ポイントも下回っている。

メイショウ馬 VS 全馬 徹底比較!

【タイキシャトル産駒】×【小倉ダ1700m】

	着別度数	勝率	連対率	複勝率	単勝回収率	複勝回収率
メイショウ馬	3-1-2-8	21.4%	28.6%	42.9%	145%	82%
全馬	7-4-5-43	11.9%	18.6%	27.1%	121%	70%

超メイショウランク
シルバーM

タイキシャトル産駒は、ローカルの芝1200mで強いイメージがあるが、メイショウ馬ではダ1800m前後で好成績を残す。中でも**小倉ダ1700m(3-1-2-8)は複勝率42%**、単勝回収率145%と出色だ。この組み合わせに**単勝2〜4番人気(3-0-0-0)**や**2〜3月(1-0-1-0)**が追加されると信頼度は増す。逆に8〜9月(2-1-1-7)はそれほど成績が良くない。

タイキシャトル産駒のコース別成績（勝利数順）

コース	着別度数	勝率	連対率	複勝率	単勝回収率	複勝回収率
小倉ダ1700m	3-1-2-8	21.4%	28.6%	42.9%	145%	82%
中京ダ1800m	2-1-0-7	20.0%	30.0%	30.0%	118%	59%
阪神ダ1200m	2-0-0-8	20.0%	20.0%	20.0%	89%	37%
京都ダ1800m	1-1-2-7	9.1%	18.2%	36.4%	26%	153%
新潟ダ1800m	1-0-1-4	16.7%	16.7%	33.3%	98%	60%

注目ポイント!

【タイキシャトル産駒】×【小倉ダ1700m】(3-1-2-8)の狙いはこれだ!

| 単勝人気 | 2〜4番人気(3-0-0-0) | 月 | 2〜3月(1-0-1-0) |

メイショウサルーテ（2番人気1着）　17年3月5日、小倉ダ1700m、4歳上500万下

❶【タイキシャトル産駒】×❷【小倉ダ1700m】×❸【2〜4番人気】×❹【2〜3月】

好走の方程式

ディープインパクト 産駒

| メイショウ馬 種牡馬ランク | **5**位 |

メイショウ馬 VS 全馬 徹底比較!

【ディープインパクト産駒】

超メイショウランク

	着別度数	勝率	連対率	複勝率	単勝回収率	複勝回収率
メイショウ馬	14-5-10-45	18.9%	25.7%	39.2%	108%	67%
全馬	1174-1099-964-6639	11.9%	23.0%	32.8%	67%	76%

シルバーM

ここ数年、全馬の種牡馬ランク1位を独走するディープインパクト。メイショウ馬ではランク5位とそれほどでもない。しかし単勝回収率は108%を記録し、複勝率も39%と高い。全馬との比較でも上々。メイショウ馬のディープインパクト産駒は「買い」といえる。

メイショウ馬 VS 全馬 徹底比較!

【ディープインパクト産駒】×【単勝1番人気】

超メイショウランク

	着別度数	勝率	連対率	複勝率	単勝回収率	複勝回収率
メイショウ馬	7-3-2-0	58.3%	83.3%	100.0%	117%	122%
全馬	605-373-227-654	32.5%	52.6%	64.8%	72%	83%

ゴールドM

ディープインパクト産駒のメイショウ馬でオススメは単勝1番人気(7-3-2-0)。なんと**複勝率100%**のパーフェクトだ。もちろん全馬と比較しても、すべての値で圧倒している。ちなみに単勝7番人気以下のディープインパクト産駒はほとんど馬券に絡まない。なお、ディープインパクト産駒のメイショウ馬の単勝1番人気はすべて三嶋牧場産だった。

ディープインパクト産駒の単勝人気別成績

単勝人気	着別度数	勝率	連対率	複勝率	単勝回収率	複勝回収率
1	7-3-2-0	58.3%	83.3%	100.0%	117%	122%
2	1-2-2-3	12.5%	37.5%	62.5%	78%	108%
3	2-0-4-5	18.2%	18.2%	54.5%	102%	100%
4～6	3-0-2-14	15.8%	15.8%	26.3%	175%	64%
7～9	1-0-0-13	7.1%	7.1%	7.1%	107%	26%
10～	0-0-0-10	0.0%	0.0%	0.0%	0%	0%

注目ポイント！

【ディープインパクト産駒】×【単勝1番人気】(7-3-2-0)の狙いはこれだ!

生産者 三嶋牧場(7-3-2-0)　　**馬体重** 440～459kg(3-0-0-0)

メイショウメイゲツ(1番人気1着)　15年10月12日、東京芝1600m、3歳上500万下

❶【ディープインパクト産駒】×❷【1番人気】×❸【三嶋牧場】×❹【440～459kg】

ゴールドアリュール 産駒

| メイショウ馬 種牡馬ランク | 6位 |

メイショウ馬 VS 全馬 徹底比較!

【ゴールドアリュール産駒】

	着別度数	勝率	連対率	複勝率	単勝回収率	複勝回収率
メイショウ馬	13-8-15-91	10.2%	16.5%	28.3%	144%	97%
全馬	462-434-384-4143	8.5%	16.5%	23.6%	84%	72%

超メイショウランク ★★★ ゴールドM

現役時代はダートのビッグレースで数多くのタイトルを獲得したゴールドアリュール。種牡馬としてもダートの強豪馬を次々と輩出。メイショウ馬の種牡馬ランクは6位で、単勝回収率144%と高く、単勝馬券で勝負したい。

メイショウ馬 VS 全馬 徹底比較!

【ゴールドアリュール産駒】×【武豊騎手】

	着別度数	勝率	連対率	複勝率	単勝回収率	複勝回収率
メイショウ馬	5-1-4-13	21.7%	26.1%	43.5%	95%	93%
全馬	21-9-12-73	18.3%	26.1%	36.5%	74%	74%

超メイショウランク ★★★ ゴールドM

ゴールドアリュール産駒のメイショウ馬と好相性なのが古川吉洋騎手(5-2-2-11)。単勝回収率686%と別次元だが、メイショウスミトモ1頭で稼いだもの。**武豊騎手(5-1-4-13)も同じく5勝**しており、こちらは4頭に騎乗している。ダ1200m(3-1-2-6)や500万下(3-1-1-1)の条件の場合、積極的に狙いたい。

メイショウ馬 ゴールドアリュール産駒の騎手別成績（勝利数順）

騎手	着別度数	勝率	連対率	複勝率	単勝回収率	複勝回収率
古川吉洋	5-2-2-11	25.0%	35.0%	45.0%	686%	181%
武豊	5-1-4-13	21.7%	26.1%	43.5%	95%	93%
和田竜二	2-0-3-7	16.7%	16.7%	41.7%	145%	198%
城戸義政	1-0-1-1	33.3%	33.3%	66.7%	233%	216%
柴田大知	0-1-1-3	0.0%	20.0%	40.0%	0%	184%

注目ポイント！

【ゴールドアリュール産駒】×【武豊騎手】(5-1-4-13)の狙いはこれだ!

| 距離 | ダ1200m(3-1-2-6) | クラス | 500万下(3-1-1-1) |

メイショウユメゴゼ(2番人気1着)　13年10月13日、京都ダ1200m、3歳上500万下
❶【ゴールドアリュール産駒】×❷【武豊騎手】×❸【ダ1200m】×❹【500万下】

好走の方程式

プリサイスエンド 産駒

| メイショウ馬 種牡馬ランク | **7位** |

メイショウ馬 VS 全馬 徹底比較!

【プリサイスエンド産駒】

	着別度数	勝率	連対率	複勝率	単勝回収率	複勝回収率
メイショウ馬	12-8-5-72	12.4%	20.6%	25.8%	254%	96%
全馬	155-139-170-1866	6.7%	12.6%	19.9%	95%	74%

超メイショウランク ★★★ ゴールドM

ダートで優秀な成績を残す種牡馬プリサイスエンド。メイショウ馬の種牡馬ランクは7位。単勝回収率は圧巻の**254%**で、ランク20位の中でトップ。全馬の単勝回収率も95%と高く、単勝をベタ買いしても回収率が高い種牡馬といえる。

メイショウ馬 VS 全馬 徹底比較!

【プリサイスエンド産駒】×【ダ1800m】

	着別度数	勝率	連対率	複勝率	単勝回収率	複勝回収率
メイショウ馬	6-5-2-22	17.1%	31.4%	37.1%	454%	169%
全馬	37-27-29-347	8.4%	14.5%	21.1%	87%	68%

超メイショウランク ★★★ ゴールドM

プリサイスエンド産駒のメイショウ馬はマイル以上の距離を得意とし、とくに優秀なのが**ダ1800m(6-5-2-22)**。連対率31%、**単勝回収率454%**。4歳(4-2-1-4)や単勝3番人気以内(4-2-0-0)の条件が加わると、馬券を外すことがほとんどない。逆に苦手なのは1400m以下の短距離で、単勝回収率は高いが複勝率が15%を下回り、見極めが重要。

プリサイスエンド産駒のダートの主な距離別成績

距離	着別度数	勝率	連対率	複勝率	単勝回収率	複勝回収率
1200m	2-1-0-21	8.3%	12.5%	12.5%	112%	28%
1400m	1-1-1-17	5.0%	10.0%	15.0%	145%	68%
1600m	1-0-0-2	33.3%	33.3%	33.3%	576%	146%
1700m	1-0-2-4	14.3%	14.3%	42.9%	40%	70%
1800m	6-5-2-22	17.1%	31.4%	37.1%	454%	169%
1900m	0-1-0-2	0.0%	33.3%	33.3%	0%	50%
2000m	0-0-0-3	0.0%	0.0%	0.0%	0%	0%

注目ポイント!

【プリサイスエンド産駒】×【ダ1800m】(6-5-2-22)の狙いはこれだ!

| 年齢 | 4歳(4-2-1-4) | 単勝人気 | 1~3番人気(4-2-0-0) |

メイショウウタゲ(2番人気1着)　15年12月6日、阪神ダ1800m、堺S
❶【プリサイスエンド産駒】×❷【ダ1800m】×❸【4歳】×❹【1~3番人気】

好走の方程式

スズカマンボ 産駒

メイショウ馬 種牡馬ランク 8位

メイショウ馬 VS 全馬 徹底比較!

【スズカマンボ産駒】

	着別度数	勝率	連対率	複勝率	単勝回収率	複勝回収率
メイショウ馬	11-12-7-141	6.4%	13.5%	17.5%	81%	62%
全馬	95-110-148-1715	4.6%	9.9%	17.1%	76%	78%

現役時代は13番人気で天皇賞(春)を制したスズカマンボ。その代表産駒といえば、G1を3勝したメイショウマンボだ。スズカマンボの種牡馬ランクは8位で、好走確率や回収率は平均的。産駒の好走パターンを分析する。

メイショウ馬 VS 全馬 徹底比較!

【スズカマンボ産駒】×【武豊騎手】

	着別度数	勝率	連対率	複勝率	単勝回収率	複勝回収率
メイショウ馬	2-6-2-7	11.8%	47.1%	58.8%	29%	151%
全馬	5-11-5-20	12.2%	39.0%	51.2%	40%	118%

超メイショウランク ★★ シルバーM

スズカマンボ産駒のメイショウ馬を一番上手に操るのは**武豊騎手(2-6-2-7)**だ。単勝回収率は29%と低いが、複勝率58%、複勝回収率151%と、3着までの馬券で狙ってみたい。武豊騎手がスズカマンボ産駒に騎乗した場合、ダ1400m(1-5-2-1)や先行馬(2-6-2-1)なら、4着以下になることは少ない。なお、スズカマンボ産駒の騎手別勝ち星では、メイショウマンボの主戦騎手・武幸四郎元騎手(5-3-0-29)が過去最多だった。

メイショウ馬 スズカマンボ産駒の騎手別成績(勝利数順)

騎手	着別度数	勝率	連対率	複勝率	単勝回収率	複勝回収率
武豊	2-6-2-7	11.8%	47.1%	58.8%	29%	151%
森裕太朗	1-1-0-2	25.0%	50.0%	50.0%	65%	95%
義英真	1-0-1-13	6.7%	6.7%	13.3%	463%	186%
津村明秀	1-0-0-2	33.3%	33.3%	33.3%	320%	60%
川田将雅	1-0-0-0	100.0%	100.0%	100.0%	440%	190%

注目ポイント!

【スズカマンボ産駒】×【武豊騎手】(2-6-2-7)の狙いはこれだ!

距離 ダ1400m(1-5-2-1) **脚質** 先行(2-6-2-1)

メイショウホウトウ(3番人気2着) 14年10月11日、京都ダ1400m、3歳上500万下

❶【スズカマンボ産駒】×❷【武豊騎手】×❸【ダ1400m】×❹【先行】
好走の方程式

キングカメハメハ 産駒

メイショウ馬 / 種牡馬ランク **9位**

メイショウ馬 vs 全馬 徹底比較!

【キングカメハメハ産駒】

	着別度数	勝率	連対率	複勝率	単勝回収率	複勝回収率
メイショウ馬	10-9-9-107	7.4%	14.1%	20.7%	41%	51%
全馬	958-879-827-7135	9.8%	18.7%	27.2%	80%	78%

ここ数年、全馬の種牡馬ランクでは2位のキングカメハメハ。メイショウ馬ではランク9位で、意外ともいえる結果。複勝率は20%とまずまずだが、単複回収率は50%前後とよくない。そんなキングカメハメハ産駒の走るパターンを探る。

メイショウ馬 vs 全馬 徹底比較!

【キングカメハメハ産駒】×【1300m以下】

	着別度数	勝率	連対率	複勝率	単勝回収率	複勝回収率
メイショウ馬	8-6-7-50	11.3%	19.7%	29.6%	72%	79%
全馬	93-91-96-953	7.5%	14.9%	22.7%	75%	69%

超メイショウランク

ブロンズM

距離・コースともに万能型のキングカメハメハ産駒だが、メイショウ馬に限ってはそうではない。芝(2-0-5-47)は複勝率13%と低調で、**ダート(6-6-2-48)は同22%**とまずまず。また、1400m以上の距離は45回走って1度も馬券に絡んでいない。一方で、1300m以下のダート(6-6-2-20)や500万下(3-4-2-8)で好走するケースが目立つ。

キングカメハメハ産駒の距離別成績

距離	着別度数	勝率	連対率	複勝率	単勝回収率	複勝回収率
1000m～1300m	8-6-7-50	11.3%	19.7%	29.6%	72%	79%
1400m～1600m	0-0-0-31	0.0%	0.0%	0.0%	0%	0%
1700m～2000m	0-0-0-11	0.0%	0.0%	0.0%	0%	0%
2100m～2400m	0-0-0-3	0.0%	0.0%	0.0%	0%	0%

注目ポイント!

 【キングカメハメハ産駒】×【1300m以下】(8-6-7-50)の狙いはこれだ!

芝・ダ ダート(6-6-2-20) 　**クラス** 500万下(3-4-2-8)

メイショウカノン(2番人気1着) 15年11月12日、東京ダ1300m、3歳上500万下
❶【キングカメハメハ産駒】×❷【1300m以下】×❸【ダート】×❹【500万下】

好走の方程式

三嶋牧場 生産

メイショウ馬 / 生産者ランク **1位**

メイショウ馬 VS 全馬 徹底比較！

【三嶋牧場】

	着別度数	勝率	連対率	複勝率	単勝回収率	複勝回収率
メイショウ馬	82-65-80-915	7.2%	12.9%	19.9%	53%	70%
全馬	174-151-172-1838	7.5%	13.9%	21.3%	79%	75%

中央競馬登録（2～11歳）における三嶋牧場生産の約半数をメイショウ馬が占めており、両者の絆の深さを証明している。全馬との比較では、勝率はほぼ互角だが、それ以外の数値では全馬が優勢で、意外にもメイショウ馬の馬券的な妙味は今ひとつの結果となっている。

メイショウ馬 VS 全馬 徹底比較！

【三嶋牧場】×【母父ダンスインザダーク】

	着別度数	勝率	連対率	複勝率	単勝回収率	複勝回収率
メイショウ馬	14-11-12-170	6.8%	12.1%	17.9%	46%	82%
全馬	15-14-19-210	5.8%	11.2%	18.6%	42%	88%

メイショウ馬の三嶋牧場生産、母父別成績は**ダンスインザダークが14勝で最多勝**。全馬の三嶋牧場生産の母父ダンスインザダークが15勝なので、ほとんどをメイショウ馬が占めている。つまり、勝率や回収率などの比較でもほぼ互角。なお、メイショウ馬の三嶋牧場生産で母父ダンスインザダークの場合、先行馬で牡4歳が好成績を残している。

メイショウ馬　三嶋牧場の母父別成績（勝利数順）

母父馬	着別度数	勝率	連対率	複勝率	単勝回収率	複勝回収率
ダンスインザダーク	14-11-12-170	6.8%	12.1%	17.9%	46%	82%
サンデーサイレンス	8-12-5-83	7.4%	18.5%	23.1%	31%	52%
コマンダーインチーフ	6-4-4-30	13.6%	22.7%	31.8%	147%	90%
Johan Cruyff	6-2-6-32	13.0%	17.4%	30.4%	97%	53%
Storm Creek	6-1-3-22	18.8%	21.9%	31.3%	83%	69%

注目ポイント！

【三嶋牧場】×【母父ダンスインザダーク】（14-11-12-170）の狙いはこれだ！

脚質	先行(6-7-2-29)	性齢	牡4(3-4-0-10)

メイショウタカトラ（10番人気2着）　18年2月17日、小倉ダ1700m、4歳上500万下

❶【三嶋牧場産】×❷【母父ダンスインザダーク】×❸【先行】×❹【牡4】

好走の方程式

メイショウ馬 vs 全馬 徹底比較!

【三嶋牧場】×【池添謙一騎手】

	着別度数	勝率	連対率	複勝率	単勝回収率	複勝回収率
メイショウ馬	10-6-8-56	12.5%	20.0%	30.0%	97%	75%
全馬	11-9-10-75	10.5%	19.0%	28.6%	77%	80%

超メイショウランク

ブロンズM

三嶋牧場生産メイショウ馬の騎手別成績は、**池添謙一騎手(10-6-8-56)が勝ち星では最多**。全馬との比較でも上回っている。また、障害の高田潤騎手(6-1-1-5)は勝率46％、単勝回収率204％と圧倒的な数字を残す。ちなみに三嶋牧場生産メイショウ馬の池添謙一騎手の狙いはダ1200m(4-1-1-6)で、ダ1800m(0-0-2-11)は不調だ。

三嶋牧場の騎手別成績（勝利数順）

騎手	着別度数	勝率	連対率	複勝率	単勝回収率	複勝回収率
池添謙一	10-6-8-56	12.5%	20.0%	30.0%	97%	75%
高田潤	6-1-1-5	46.2%	53.8%	61.5%	204%	96%
武豊	5-9-6-49	7.2%	20.3%	29.0%	48%	73%
蛯名正義	4-2-3-14	17.4%	26.1%	39.1%	76%	93%
武幸四郎	4-1-3-101	3.7%	4.6%	7.3%	21%	24%

注目ポイント！

【三嶋牧場】×【池添謙一騎手】(10-6-8-56)の狙いはこれだ！

距離 ダ1200m(4-1-1-6)　　**脚質** 先行(6-3-3-15)

メイショウアリソン（7番人気1着）　17年5月28日、京都ダ1200m、3歳500万下

❶【三嶋牧場】×❷【池添謙一騎手】×❸【ダ1200m】×❹【先行】

好走の方程式

その他参考データ　メイショウ馬　**三嶋牧場の種牡馬、厩舎別成績**

		着別度数	勝率	連対率	複勝率	単勝回収率	複勝回収率
種牡馬	ディープインパクト	14-5-10-45	18.9%	25.7%	39.2%	108%	67%
	ダイワメジャー	8-5-8-58	10.1%	16.5%	26.6%	91%	69%
	マンハッタンカフェ	6-3-6-51	9.1%	13.6%	22.7%	56%	59%
	キングカメハメハ	5-7-3-44	8.5%	20.3%	25.4%	30%	45%
	メイショウサムソン	5-5-5-73	5.7%	11.4%	17.0%	32%	68%
厩舎	(栗東)池添兼雄	11-5-10-77	10.7%	15.5%	25.2%	73%	53%
	(栗東)角居勝彦	10-1-6-38	18.2%	20.0%	30.9%	85%	58%
	(栗東)本田優	8-6-8-76	8.2%	14.3%	22.4%	79%	158%
	(栗東)荒川義之	7-8-8-113	5.1%	11.0%	16.9%	49%	61%
	(栗東)岡田稲男	6-1-3-25	17.1%	20.0%	28.6%	276%	121%

第4章　メイショウ馬の好走パターンその2　生産者

太陽牧場 生産

| | メイショウ馬 生産者ランク | **2位** |

メイショウ馬 VS 全馬 徹底比較!

【太陽牧場】

	着別度数	勝率	連対率	複勝率	単勝回収率	複勝回収率
メイショウ馬	37-40-39-438	6.7%	13.9%	20.9%	83%	77%
全馬	37-43-40-507	5.9%	12.8%	19.1%	73%	72%

超メイショウランク
ブロンズM

10年の天皇賞(春)で3着に好走した**メイショウドンタク**を生産した太陽牧場。生産者ランクは2位で、勝ち星の37勝はすべてメイショウ馬で挙げている。複勝率は20%を超えており、単勝回収率も83%となかなか。どんなタイプの馬が走るのだろうか?

メイショウ馬 VS 全馬 徹底比較!

【太陽牧場】×【メイショウボーラー産駒】

	着別度数	勝率	連対率	複勝率	単勝回収率	複勝回収率
メイショウ馬	11-10-4-95	9.2%	17.5%	20.8%	217%	78%
全馬	11-10-4-95	9.2%	17.5%	20.8%	217%	78%

生産馬のほとんどがメイショウ馬だけあって、種牡馬ランクでは**メイショウボーラー(11-10-4-95)**とメイショウサムソン(10-8-9-76)の勝ち星が、他を圧倒している。メイショウボーラー産駒は単勝回収率217%と抜きんでており、メイショウサムソン産駒は複勝率26%と高い。メイショウボーラー産駒に川島信二騎手(4-0-1-7)騎乗すると、好成績を残す傾向にある。

太陽牧場の種牡馬別成績(勝利数順)

種牡馬	着別度数	勝率	連対率	複勝率	単勝回収率	複勝回収率
メイショウボーラー	11-10-4-95	9.2%	17.5%	20.8%	217%	78%
メイショウサムソン	10-8-9-76	9.7%	17.5%	26.2%	99%	75%
キングカメハメハ	5-2-5-52	7.8%	10.9%	18.8%	59%	64%
タイキシャトル	4-6-4-55	5.8%	14.5%	20.3%	32%	54%
サマーバード	2-7-2-1	16.70%	75.00%	91.70%	31%	210%

注目ポイント!

【太陽牧場】×【メイショウボーラー産駒】(11-10-4-95)の狙いはこれだ!

| 騎手 | 川島信二騎手(4-0-1-7) | 距離 | ダ1700m(6-1-1-13) |

メイショウヒコボシ(2番人気1着) 16年4月23日、福島ダ1700m、米沢特別

❶【太陽牧場】×❷【メイショウボーラー産駒】×❸【川島信二騎手】×❹【ダ1700m】

好走の方程式

富田牧場 生産

メイショウ馬 生産者ランク	3位

メイショウ馬 VS 全馬 徹底比較!

【富田牧場】

	着別度数	勝率	連対率	複勝率	単勝回収率	複勝回収率
メイショウ馬	21-22-33-208	7.4%	15.1%	26.8%	51%	74%
全馬	77-87-99-773	7.4%	15.8%	25.4%	70%	87%

生産者ランク3位は、**メイショウクオリア**(京都新聞杯)や**メイショウドメニカ**(福島記念)などの重賞勝ち馬を生産した富田牧場。複勝率約27%はまずまずだが、単勝回収率は51%とそれほど高くない。どんなタイプが馬券に絡むのだろうか? 好走パターンを探っていく。

メイショウ馬 VS 全馬 徹底比較!

【富田牧場】×【母父フレンチデピュティ】

超メイショウランク

	着別度数	勝率	連対率	複勝率	単勝回収率	複勝回収率
メイショウ馬	6-3-9-29	12.8%	19.1%	38.3%	105%	116%
全馬	469-458-482-4579	8.2%	15.9%	23.9%	74%	77%

ゴールドM

富田牧場の生産馬でオススメは、**母父フレンチデピュティ(6-3-9-29)**。複勝率が38%と高水準で、単複回収率はどちらも100%を超えている。メイショウアズミノやメイショウベルボンが該当当馬だ。これに距離が1200m(5-2-6-14)や新馬or未勝利(3-1-5-5)が加わると、期待に応える可能性が高くなる。狙いを定めて、しっかりと的中させたい。

メイショウ馬

富田牧場の母父別成績(勝利数順)

母父	着別度数	勝率	連対率	複勝率	単勝回収率	複勝回収率
フレンチデピュティ	6-3-9-29	12.8%	19.1%	38.3%	105%	116%
Rahy	5-7-8-61	6.2%	14.8%	24.7%	39%	69%
Miswaki	3-4-5-18	10.0%	23.3%	40.0%	42%	112%
ウォーエンブレム	2-5-4-12	8.7%	30.4%	47.8%	33%	81%
マンハッタンカフェ	2-0-3-18	8.7%	8.7%	21.7%	14%	56%

注目ポイント!

【富田牧場】×【母父フレンチデピュティ】(6-3-9-29)の狙いはこれだ!

距離 1200m(5-2-6-14) **クラス** 新馬or未勝利(3-1-5-5)

メイショウトキン(2番人気1着) 16年3月26日、阪神ダ1200m、未勝利

❶【富田牧場】×❷【母父フレンチデピュティ】×❸【1200m】×❹【新馬or未勝利】

好走の方程式

高昭牧場 生産

| メイショウ馬 | 生産者ランク | 4位 |

メイショウ馬 VS 全馬 徹底比較!

【高昭牧場】

	着別度数	勝率	連対率	複勝率	単勝回収率	複勝回収率
メイショウ馬	18-19-17-266	5.6%	11.6%	16.9%	59%	71%
全馬	96-123-108-1467	5.4%	12.2%	18.2%	67%	67%

武幸四郎騎手を背に、**メイショウマンボ**がオークスなどG1を3勝したことは記憶に残る名場面だ。その生まれ故郷である高昭牧場は、生産者ランク4位。複勝回収率は71%とまずまずだが、複勝率約17%、単勝回収率59%と狙いどころが難しい。

メイショウ馬 VS 全馬 徹底比較!

【高昭牧場】×【飯田祐史厩舎】

	着別度数	勝率	連対率	複勝率	単勝回収率	複勝回収率
メイショウ馬	6-3-2-76	6.9%	10.3%	12.6%	86%	43%
全馬	11-8-7-153	6.1%	10.6%	14.5%	60%	55%

超メイショウランク

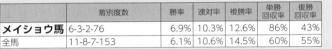

ブロンズM

高昭牧場の生産馬でもっとも勝利数が多い厩舎は、**飯田祐史厩舎（6-3-2-76）**だ。飯田調教師は騎手時代にメイショウマンボのデビュー戦と2戦目で手綱を取り、調教師となってから、父・飯田明弘厩舎の後を引き継いでメイショウマンボの受け入れ先となった。ダ1400m（3-2-1-3）や2歳馬（5-1-1-13）で好成績を残す傾向にある。荒川義之厩舎（2-1-1-40）も複勝回収率114%とまずまずだ。

メイショウ馬 高昭牧場の厩舎別成績（勝利数順）

厩舎	着別度数	勝率	連対率	複勝率	単勝回収率	複勝回収率
(栗東)飯田祐史	6-3-2-76	6.9%	10.3%	12.6%	86%	43%
(栗東)荒川義之	2-1-1-40	4.5%	6.8%	9.1%	45%	114%
(栗東)角田晃一	1-3-4-37	2.2%	8.9%	17.8%	16%	71%
(栗東)湯窪幸雄	1-2-1-12	6.3%	18.8%	25.0%	11%	43%
(栗東)木原一良	1-2-0-11	7.1%	21.4%	21.4%	27%	55%

注目ポイント!

【高昭牧場】×【飯田祐史厩舎】(6-3-2-76)の狙いはこれだ!

| 距離 | ダ1400m (3-2-1-3) | 年齢 | 2歳 (5-1-1-13) |

メイショウオーパス（2番人気1着）　17年12月2日、中京ダ1400m、寒椿賞

❶【高昭牧場】×❷【飯田祐史厩舎】×❸【ダ1400m】×❹【2歳】

好走の方程式

日の出牧場 生産

| | メイショウ馬 生産者ランク | 5位 |

メイショウ馬 vs 全馬 徹底比較!

【日の出牧場】

	着別度数	勝率	連対率	複勝率	単勝回収率	複勝回収率
メイショウ馬	15-18-9-152	7.7%	17.0%	21.6%	101%	70%
全馬	30-39-27-310	7.4%	17.0%	23.6%	74%	76%

超メイショウランク ★★ シルバーM

競走馬としてG1を勝ち、種牡馬としてもメイショウ馬の看板を背負っている**メイショウボーラー**。その生まれ故郷である日の出牧場はランク5位。好走確率は平均的だが、単勝回収率が101%と高いので、1着固定の馬券で狙ってみたい。

メイショウ馬 vs 全馬 徹底比較!

【日の出牧場】×【単勝1番人気】

	着別度数	勝率	連対率	複勝率	単勝回収率	複勝回収率
メイショウ馬	6-1-0-2	66.7%	77.8%	77.8%	171%	103%
全馬	11-5-1-9	42.3%	61.5%	65.4%	102%	86%

超メイショウランク ★★★ ゴールドM

日の出牧場生産馬の狙い目は**単勝1番人気(6-1-0-2)**だ。連対率77%とハイアベレージで、単勝回収率は171%と文句なし。阪神(3-1-0-0)や4歳(4-1-0-0)の条件が加わると、鬼に金棒だ。ちなみに全馬の単勝1番人気も単勝回収率は100%をクリア、メイショウ馬の単勝2番人気(3-2-1-4)も単複回収率が100%を超えており、日の出牧場生産の人気馬は「買い」だ。

日の出牧場の単勝人気別成績

単勝人気	着別度数	勝率	連対率	複勝率	単勝回収率	複勝回収率
1	6-1-0-2	66.7%	77.8%	77.8%	171%	103%
2	3-2-1-4	30.0%	50.0%	60.0%	143%	113%
3	1-2-2-9	7.1%	21.4%	35.7%	47%	61%
4～6	3-6-2-37	6.3%	18.8%	22.9%	58%	60%
7～9	1-4-4-41	2.0%	10.0%	18.0%	80%	88%
10～	1-3-0-60	1.6%	6.3%	6.3%	144%	54%

注目ポイント!

【日の出牧場】×【単勝1番人気】(6-1-0-2)の狙いはこれだ!

| 競馬場 | 阪神(3-1-0-0) | 年齢 | 4歳(4-1-0-0) |

メイショウマルマル (1番人気1着)　14年9月14日、阪神ダ1400m、3歳上500万下

❶【日の出牧場】×❷【1番人気】×❸【阪神】×❹【4歳】

好走の方程式

母父 ダンスインザダーク

メイショウ馬 母父ランク **1位**

メイショウ馬 VS 全馬 徹底比較！

【母父ダンスインザダーク】

	着別度数	勝率	連対率	複勝率	単勝回収率	複勝回収率
メイショウ馬	23-25-21-323	5.9%	12.2%	17.6%	44%	65%
全馬	417-451-448-5331	6.3%	13.1%	19.8%	67%	69%

母父ランクの1位はダンスインザダーク（23-25-21-323）だが、好走確率や回収率はよくない。全馬との比較でもすべての項目で劣っていて、とくに単勝回収率は44%と低い。お買い得とはいえない母父ダンスインザダーク。どんな組み合わせを狙えばよいのだろうか？

メイショウ馬 VS 全馬 徹底比較！

【母父ダンスインザダーク】×【京都ダート】

超メイショウランク

	着別度数	勝率	連対率	複勝率	単勝回収率	複勝回収率
メイショウ馬	7-6-3-53	10.1%	18.8%	23.2%	75%	118%
全馬	31-36-40-425	5.8%	12.6%	20.1%	37%	73%

★★★ ゴールドM

メイショウ馬の母父ダンスインザダークは、芝（8-7-8-149）よりもダート（15-18-13-165）の成績が良い。中でも**京都（7-6-3-53）は最多の7勝**を挙げており、複勝回収率は118%と上々だ。全馬との比較でも大きく上回っている。この条件の場合、逃げ馬や6枠だとさらに成績がアップ。それ以外では函館ダート（1-2-4-6）が複勝率53%と抜きんでた数字を叩き出している。

母父ダンスインザダークのダートの主な競馬場別成績

場所	着別度数	勝率	連対率	複勝率	単勝回収率	複勝回収率
函館	1-2-4-6	7.7%	23.1%	53.8%	14%	97%
福島	1-0-0-7	12.5%	12.5%	12.5%	37%	21%
東京	1-1-1-10	7.7%	15.4%	23.1%	196%	91%
中京	1-2-3-22	3.6%	10.7%	21.4%	10%	57%
京都	7-6-3-53	10.1%	18.8%	23.2%	75%	118%
阪神	2-5-2-49	3.4%	12.1%	15.5%	47%	36%
小倉	0-2-0-9	0	0.182	0.182	0%	94%

注目ポイント！

【母父ダンスインザダーク】×【京都ダート】（7-6-3-53）の狙いはこれだ！

| 脚質 | 逃げ（1-2-0-1） | 枠 | 6枠（5-1-1-2） |

メイショウダブル（4番人気2着） 17年10月29日、京都ダ1200m、2歳未勝利

❶【母父ダンスインザダーク】×❷【京都ダート】×❸【逃げ】×❹【6枠】

好走の方程式

メイショウ馬 VS 全馬 徹底比較!

【母父ダンスインザダーク】×【4歳】

	着別度数	勝率	連対率	複勝率	単勝回収率	複勝回収率
メイショウ馬	8-5-6-61	10.0%	16.3%	23.8%	97%	91%
全馬	92-85-78-929	7.8%	14.9%	21.5%	82%	70%

超メイショウランク

シルバーM

母父ダンスインザダークの年齢別成績では3歳(11-14-8-154)が最多勝だが、好走確率や回収率は平均を下回っている。**年齢別の狙い目は4歳(8-5-6-61)**で、こちらは全馬に対しても優勢だ。また、4歳にダートの1000万下(2-0-3-7)、良馬場(5-4-5-21)などの条件が加わると、より成績が良くなる。

母父ダンスインザダークの年齢別成績

年齢	着別度数	勝率	連対率	複勝率	単勝回収率	複勝回収率
2歳	2-2-2-26	6.3%	12.5%	18.8%	33%	45%
3歳	11-14-8-154	5.9%	13.4%	17.6%	39%	51%
4歳	8-5-6-61	10.0%	16.3%	23.8%	97%	91%
5歳	2-4-4-42	3.8%	11.5%	19.2%	21%	64%
6歳	0-0-1-22	0.0%	0.0%	4.3%	0%	178%
7歳以上	0-0-0-18	0.0%	0.0%	0.0%	0%	0%

注目ポイント!

【母父ダンスインザダーク】×【4歳】(8-5-6-61)の狙いはこれだ!

クラス ダート1000万下(2-0-3-7)　　　**ダートの馬場状態** 良(5-4-5-21)

メイショウブーケ(11番人気3着)　15年5月31日、京都ダ1800m、與杼特別

❶【母父ダンスインザダーク産駒】×❷【4歳】×❸【ダートの1000万下】×❹【良】

好走の方程式

その他参考データ **母父ダンスインザダークのコース、種牡馬別成績**

		着別度数	勝率	連対率	複勝率	単勝回収率	複勝回収率
コース	京都ダ1400m	5-3-0-18	19.2%	30.8%	30.8%	111%	64%
	阪神ダ1800m	2-3-1-21	7.4%	18.5%	22.2%	102%	57%
	函館ダ1700m	1-2-4-6	7.7%	23.1%	53.8%	14%	97%
	京都ダ1800m	1-2-2-19	4.2%	12.5%	20.8%	68%	239%
	中京ダ1800m	1-1-3-10	6.7%	13.3%	33.3%	20%	89%
種牡馬	アグネスデジタル	5-2-1-30	13.2%	18.4%	21.1%	89%	43%
	フレンチデピュティ	4-4-5-57	5.7%	11.4%	18.6%	37%	108%
	メイショウサムソン	4-3-2-37	8.7%	15.2%	19.6%	48%	45%
	パイロ	3-0-1-21	12.0%	12.0%	16.0%	74%	89%
	スタチューオブリバティ	2-4-3-21	6.7%	20.0%	30.0%	171%	104%

母父 サンデーサイレンス

| | メイショウ馬 母父ランク | 2位 |

メイショウ馬 VS 全馬 徹底比較!

【母父サンデーサイレンス】

	着別度数	勝率	連対率	複勝率	単勝回収率	複勝回収率
メイショウ馬	21-16-21-366	5.0%	8.7%	13.7%	51%	76%
全馬	1550-1516-1488-15466	7.7%	15.3%	22.7%	74%	75%

メイショウ馬の母父ランク2位は、名種牡馬サンデーサイレンス。複勝率は約14%とイマイチで、全馬の同23%と比較しても劣勢。単勝回収率も51%と低く、あまりお買い得とは言えない。どんな組み合わせだと、母父サンデーサイレンスは活躍するのだろうか?

メイショウ馬 VS 全馬 徹底比較!

【母父サンデーサイレンス】×【メイショウサムソン産駒】

	着別度数	勝率	連対率	複勝率	単勝回収率	複勝回収率
メイショウ馬	6-5-2-84	6.2%	11.3%	13.4%	51%	116%
全馬	37-43-40-503	5.9%	12.8%	19.3%	67%	78%

超メイショウランク シルバーM

母父サンデーサイレンスと相性のよい種牡馬は、**メイショウサムソン(6-5-2-84)**だ。複勝率は13%と低いが、複勝回収率116%と信頼できる。ダ1800m(4-2-1-17)や逃げ(4-0-1-4)の条件が加われば、狙ってみる価値が増す。また、キングカメハメハ(4-5-2-28)も複勝率が28%で母父サンデーサイレンスと好相性だが、回収率は低い。

母父サンデーサイレンスの種牡馬別成績(勝利数順)

種牡馬	着別度数	勝率	連対率	複勝率	単勝回収率	複勝回収率
メイショウサムソン	6-5-2-84	6.2%	11.3%	13.4%	51%	116%
キングカメハメハ	4-5-2-28	10.3%	23.1%	28.2%	39%	48%
アグネスデジタル	3-0-3-27	9.1%	9.1%	18.2%	196%	159%
タニノギムレット	2-0-6-30	5.3%	5.3%	21.1%	53%	173%
メイショウボーラー	2-0-0-36	5.3%	5.3%	5.3%	114%	36%

注目ポイント!

【母父サンデーサイレンス】×【メイショウサムソン産駒】(6-5-2-84)の狙いはこれだ!

距離 ダ1800m(4-2-1-17)　　**脚質** 逃げ(4-0-1-4)

メイショウキシドウ(3番人気1着)　15年10月4日、中山ダ1800m、3歳未勝利

❶【母父サンデーサイレンス】×❷【メイショウサムソン産駒】×❸【ダ1800m】×❹【逃げ】

好走の方程式

母父 バブルガムフェロー

メイショウ馬 母父ランク	3位

メイショウ馬 VS 全馬 徹底比較!

【母父サンデーサイレンス】

	着別度数	勝率	連対率	複勝率	単勝回収率	複勝回収率
メイショウ馬	16-18-16-112	9.9%	21.0%	30.9%	59%	84%
全馬	92-106-100-1149	6.4%	13.7%	20.6%	43%	64%

超メイショウランク
シルバーM

メイショウフクヒメが堅実に走る仔（ツレヅレ、トリトン、エイコウ）を出したため、その父バブルガムフェローが、母父ランク3位に入った。複勝率約31%、複勝回収率84%と安定している。全馬と比較しても、ほぼすべての数値で上回る。ちなみに芝は未勝利。

メイショウ馬 VS 全馬 徹底比較!

【母父バブルガムフェロー】×【ダ1700m】

	着別度数	勝率	連対率	複勝率	単勝回収率	複勝回収率
メイショウ馬	3-7-3-11	12.5%	41.7%	54.2%	49%	119%
全馬	8-13-5-60	9.3%	24.4%	30.2%	63%	68%

超メイショウランク

シルバーM

メイショウ馬の母父バブルガムフェローが活躍する舞台は、ほぼダート。中でも**ダ1700m（3-7-3-11）は複勝率54%**と好走確率が極めて高い。ただ、単勝回収率は49%しかないので、2、3着で狙いたい。ダ1400mとダ1600mも複勝率や複勝回収率は高水準だ。ダ1700mで蛯名正義騎手(1-3-0-0)や3～4歳(2-6-2-4)なら、さらに好走の期待が高まる。

母父バブルガムフェローの主なダートの距離別成績

距離	着別度数	勝率	連対率	複勝率	単勝回収率	複勝回収率
1200m	3-4-3-39	6.1%	14.3%	20.4%	28%	55%
1400m	1-4-3-11	5.3%	26.3%	42.1%	6%	172%
1600m	1-0-1-3	20.0%	20.0%	40.0%	152%	112%
1700m	3-7-3-11	12.5%	41.7%	54.2%	49%	119%
1800m	3-2-4-19	10.7%	17.9%	32.1%	77%	77%

注目ポイント！

 【母父バブルガムフェロー】×【ダ1700m】(3-7-3-11)の狙いはこれだ！

騎手	蛯名正義騎手(1-3-0-0)	年齢	3～4歳(2-6-2-4)

メイショウエイコウ（3番人気2着）　17年8月6日、札幌ダ1700m、大倉山特別

❶【母父バブルガムフェロー】×❷【ダ1700m】×❸【蛯名正義騎手】×❹【3～4歳】

好走の方程式

※ここでの新馬は2歳新馬、3歳新馬戦のこと

新馬(芝)

メイショウ馬 VS 全馬 徹底比較!

【新馬(芝)】

	着別度数	勝率	連対率	複勝率	単勝回収率	複勝回収率
メイショウ馬	10-9-16-180	4.7%	8.8%	16.3%	53%	51%
全馬	1006-1003-1003-10561	7.4%	14.8%	22.2%	69%	72%

メイショウ馬はタフなダート馬が多い印象だが、芝コースの新馬はどうだろうか? 複勝率は16%と今ひとつで、単複回収率も50%台と低調だ。お世辞にも得意とは言えない芝の新馬戦。どのような条件だと、好走するのだろうか?

メイショウ馬 VS 全馬 徹底比較!

【新馬(芝)】×【小倉】

超メイショウランク

	着別度数	勝率	連対率	複勝率	単勝回収率	複勝回収率
メイショウ馬	4-2-4-31	9.8%	14.6%	24.4%	74	76
全馬	80-78-79-784	7.8%	15.5%	23.2%	78	71

ブロンズM

新馬(芝)で好成績を残しているコースは**小倉(4-2-4-31)**だ。勝率は約10%とまずまず。浅見秀一厩舎(2-1-0-0)や生産者が多田善弘氏(2-0-0-0)の場合、好結果になっている。また、札幌(0-1-3-4)を使うメイショウ馬も好走確率が高いので、こちらも要チェックだ。

メイショウ馬 新馬(芝)の主な競馬場別成績

コース	着別度数	勝率	連対率	複勝率	単勝回収率	複勝回収率
札幌	0-1-3-4	0.0%	12.5%	50.0%	0	36
中京	1-1-0-14	6.3%	12.5%	12.5%	181	50
京都	3-2-2-65	4.2%	6.9%	9.7%	67	54
阪神	1-3-6-46	1.8%	7.1%	17.9%	10	48
小倉	4-2-4-31	9.8%	14.6%	24.4%	74	76

注目ポイント!

【新馬(芝)】×【小倉】(4-2-4-31)の狙いはこれだ!

厩舎 浅見秀一厩舎(2-1-0-0)　　**生産者** 多田善弘氏(2-0-0-0)

メイショウマイカゼ(4番人気1着) 15年8月8日、小倉芝1200m、2歳新馬

❶【新馬(芝)】×❷【小倉】×❸【浅見秀一厩舎】×❹【多田善弘】

好走の方程式

新馬（ダート）

メイショウ馬 VS 全馬 徹底比較!

【新馬（ダート）】

	着別度数	勝率	連対率	複勝率	単勝回収率	複勝回収率
メイショウ馬	19-6-17-113	12.3%	16.1%	27.1%	140%	86%
全馬	474-470-473-5261	7.1%	14.1%	21.2%	82%	77%

超メイショウランク ★★★ ゴールドM

メイショウ馬のダート新馬の成績は素晴らしく、勝率12%、複勝率は27%と高水準。単勝回収率に至っては140%と際立っている。好走確率や回収率を芝の新馬と比較すると、2倍ほどダートが上回っており、全馬と比べても優秀だ。

メイショウ馬 VS 全馬 徹底比較!

【新馬（ダート）】×【武豊騎手】

	着別度数	勝率	連対率	複勝率	単勝回収率	複勝回収率
メイショウ馬	4-0-3-3	40.0%	40.0%	70.0%	240%	132%
全馬	17-10-11-56	18.1%	28.7%	40.4%	61%	68%

超メイショウランク ★★★ ゴールドM

ダートの新馬の狙い目は**武豊騎手(4-0-3-3)**だ。複勝率が70%と高く、**単勝回収率は240%**とズバ抜けている。ダートの新馬で武豊騎手にメイショウ馬を依頼した場合は、きっちり仕上がっており、勝機だと考えたい。またこの場合、距離1400m(3-0-3-1)は高複勝圏内。とくに馬体重460～519kgが堅実に走る。

新馬（ダート）の騎手別成績（勝利数順）

騎手	着別度数	勝率	連対率	複勝率	単勝回収率	複勝回収率
武豊	4-0-3-3	40.0%	40.0%	70.0%	240%	132%
秋山真一郎	1-1-1-4	14.3%	28.6%	42.9%	21%	122%
酒井学	1-1-1-1	25.0%	50.0%	75.0%	100%	327%
幸英明	1-0-1-8	10.0%	10.0%	20.0%	51%	35%
池添謙一	1-0-1-6	12.5%	12.5%	25.0%	22%	33%

注目ポイント！

【新馬（ダート）】×【武豊騎手】(4-0-3-3)の狙いはこれだ!

距離 1400m(3-0-3-1)　　**馬体重** 460～519kg(4-0-1-0)

メイショウフロウ（2番人気1着）　13年1月5日、京都ダ1400m、3歳新馬

❶【新馬（ダート）】×❷【武豊騎手】×❸【1400m】×❹【460～519kg】

好走の方程式

※ここでの未勝利は2歳未勝利、3歳未勝利戦のこと

未勝利(芝)

メイショウ馬 VS 全馬 徹底比較!

【未勝利(芝)】

	着別度数	勝率	連対率	複勝率	単勝回収率	複勝回収率
メイショウ馬	32-39-39-578	4.7%	10.3%	16.0%	65%	56%
全馬	2527-2523-2530-31607	6.4%	12.9%	19.3%	68%	69%

メイショウ馬は芝の新馬は苦戦傾向だが、芝の未勝利も成績がふるわない。勝率約5%、複勝率16%は芝の新馬と同じ。レース経験を積んでも、すぐに成績が向上するわけではなさそうだ。単複回収率も60%前後と低め。

メイショウ馬 VS 全馬 徹底比較!

【未勝利(芝)】×【小倉芝2000m】

	着別度数	勝率	連対率	複勝率	単勝回収率	複勝回収率
メイショウ馬	4-2-1-34	9.8%	14.6%	17.1%	380%	107%
全馬	72-72-72-1025	5.8%	11.6%	17.4%	62%	62%

超メイショウランク ★★★ **ゴールドM**

メイショウ馬を芝の未勝利で狙うなら、**小倉芝2000m(4-2-1-34)がオススメ**。勝利数は小倉芝1800m(5-1-2-25)に次ぐ2位、複勝率も中京芝1400m(2-4-1-8)が次ぐ2位だが、単勝回収率は380%と小倉芝2000mが突き抜けている。馬体重が480kg以上(3-1-1-12)や4〜6枠(3-1-1-6)の条件が加われば、積極的に単勝勝負と行きたい。

メイショウ馬 未勝利(芝)のコース別成績(勝利数順)

コース	着別度数	勝率	連対率	複勝率	単勝回収率	複勝回収率
小倉芝1800m	5-1-2-25	15.2%	18.2%	24.2%	67%	90%
小倉芝2000m	4-2-1-34	9.8%	14.6%	17.1%	380%	107%
小倉芝1200m	2-7-3-60	2.8%	12.5%	16.7%	48%	38%
中京芝1400m	2-4-1-8	13.3%	40.0%	46.7%	80%	234%
函館芝2000m	2-1-2-15	10.0%	15.0%	25.0%	55%	69%

注目ポイント!

【未勝利(芝)】×【小倉芝2000m】(4-2-1-34)の狙いはこれだ!

馬体重 480kg以上(3-1-1-12)　　**枠** 4〜6枠(3-1-1-6)

メイショウモウコ(6番人気1着)　17年8月13日、小倉芝2000m、2歳未勝利

❶【未勝利(芝)】×❷【小倉芝2000m】×❸【480kg以上】×❹【4〜6枠】

好走の方程式

未勝利(ダート)

メイショウ馬 VS 全馬 徹底比較!

【未勝利(ダート)】

	着別度数	勝率	連対率	複勝率	単勝回収率	複勝回収率
メイショウ馬	87-110-105-1082	6.3%	14.2%	21.8%	72%	81%
全馬	3365-3369-3365-40349	6.7%	13.3%	20.0%	71%	73%

超メイショウランク
ブロンズM

ダートの未勝利をメイショウ馬と全馬で比較した。ほとんどの数値が互角だが、複勝回収率は全馬73%に対して、メイショウ馬が81%と優勢だ。たとえ人気がなくてもしぶとく3着に入る馬が多い、メイショウ馬らしい結果といえそうだ。

メイショウ馬 VS 全馬 徹底比較!

【未勝利(ダート)】×【京都ダ1400m】

	着別度数	勝率	連対率	複勝率	単勝回収率	複勝回収率
メイショウ馬	13-13-7-84	11.1%	22.2%	28.2%	109%	76%
全馬	150-151-149-1789	6.7%	13.4%	20.1%	71%	75%

超メイショウランク
シルバーM

ダートの未勝利でメイショウ馬が活躍するコースはどこだろうか? **京都ダ1400m(13-13-7-84)が最多の13勝**を挙げている。全馬との比較でも勝率や単勝回収率で圧倒しており、2歳戦や14頭立て以下だとさらに成績が上がる。ほかでは阪神ダ1400m(11-18-13-75)が複勝回収率197%、中京ダ1800m(9-3-3-39)が単勝回収率407%と傑出した数字を残す。

未勝利(ダート)のコース別成績(勝利数順)

コース	着別度数	勝率	連対率	複勝率	単勝回収率	複勝回収率
京都ダ1400m	13-13-7-84	11.1%	22.2%	28.2%	109%	76%
阪神ダ1400m	11-18-13-75	9.4%	24.8%	35.9%	77%	197%
中京ダ1800m	9-3-3-39	16.7%	22.2%	27.8%	407%	106%
阪神ダ1800m	8-10-11-179	3.8%	8.7%	13.9%	54%	60%
京都ダ1800m	7-8-5-105	5.6%	12.0%	16.0%	31%	44%

注目ポイント!

【未勝利(ダート)】×【京都ダ1400m】(13-13-7-84)の狙いはこれだ!

年齢	2歳(6-6-2-12)	頭数	14頭以下(6-7-1-11)

メイショウラビエ(7番人気1着) 17年11月11日、京都ダ1400m、2歳未勝利

❶【未勝利(ダート)】×❷【京都ダ1400m】×❸【2歳】×❹【14頭以下】

好走の方程式

※ここでの500万下は2歳、3歳、3歳上、4歳上500万下のこと

500万下（芝）

メイショウ馬 VS 全馬 徹底比較！

【500万下（芝）】

	着別度数	勝率	連対率	複勝率	単勝回収率	複勝回収率
メイショウ馬	38-28-38-404	7.5%	13.0%	20.5%	92%	68%
全馬	2367-2369-2369-26864	7.0%	13.9%	20.9%	76%	74%

超メイショウランク
ブロンズM

メイショウ馬の芝の500万下の成績はまずまずだ。複勝率は約21%、単勝回収率は92%と平均以上。全馬と比較しても上回っている。芝の新馬と未勝利はあまり成績が良くなかったが、1勝した馬はクラスが上がっても期待できるようだ。

メイショウ馬 VS 全馬 徹底比較！

【500万下（芝）】×【武豊騎手】

	着別度数	勝率	連対率	複勝率	単勝回収率	複勝回収率
メイショウ馬	5-4-3-14	19.2%	34.6%	46.2%	283%	175%
全馬	67-45-30-269	16.3%	27.3%	34.5%	102%	78%

超メイショウランク
ゴールドM

芝の500万下でメイショウ馬で結果を残しているのは、**武豊騎手（5-4-3-14）**だ。複勝率は46%と高水準で、単勝回収率283%は申し分ない。特別戦で最初に組まれやすい9レース（1-2-1-1）で好成績。また、単勝8番人気（2-1-0-1）で穴をあけるケースが目立つ。ほかでは騎乗数こそ少ないが、国分兄弟も良績を残している。

500万下（芝）の騎手別成績（勝利数順）

騎手	着別度数	勝率	連対率	複勝率	単勝回収率	複勝回収率
武豊	5-4-3-14	19.2%	34.6%	46.2%	283%	175%
幸英明	3-5-5-19	9.4%	25.0%	40.6%	54%	92%
国分優作	2-1-0-3	33.3%	50.0%	50.0%	295%	106%
国分恭介	2-0-1-8	18.2%	18.2%	27.3%	109%	61%
岩田康誠	2-0-0-5	28.6%	28.6%	28.6%	257%	88%

注目ポイント！

【500万下（芝）】×【武豊騎手】(5-4-3-14)の狙いはこれだ！

| 競走番号 | 9レース（1-2-1-1） | 単勝人気 | 8番人気（2-1-0-1） |

メイショウラリマー（8番人気2着） 15年6月13日、阪神芝2400m、香住特別
❶【500万下（芝）】×❷【武豊騎手】×❸【9レース】×❹【8番人気】
好走の方程式

500万下(ダート)

メイショウ馬 VS 全馬 徹底比較!

【500万下(ダート)】

	着別度数	勝率	連対率	複勝率	単勝回収率	複勝回収率
メイショウ馬	88-73-67-894	7.8%	14.3%	20.3%	70%	83%
全馬	3129-3125-3121-34996	7.1%	14.1%	21.1%	73%	75%

超メイショウランク
ブロンズM

ダートの500万下のメイショウ馬はどんな成績だろうか? 複勝率20%、単勝回収率70%と平均的。複勝回収率が83%と平均以上の成績だ。人気薄がたまに2、3着に突っ込んできて、波乱を演出するイメージだ。

メイショウ馬 VS 全馬 徹底比較!

【500万下(ダート)】×【メイショウボーラー産駒】

	着別度数	勝率	連対率	複勝率	単勝回収率	複勝回収率
メイショウ馬	20-10-7-129	12.0%	18.1%	22.3%	161%	75%
全馬	47-31-30-433	8.7%	14.4%	20.0%	89%	69%

超メイショウランク
ゴールドM

ダートの500万下でメイショウ馬を買うなら、**メイショウボーラー産駒(20-10-7-129)がオススメ**だ。勝率12%、単勝回収率161%と際立っており、単勝馬券で勝負したい。福島(3-2-1-4)や単勝2番人気(6-3-0-8)だと、堅実に走る。ほかではメイショウサムソン産駒(8-6-7-79)やネオユニヴァース産駒(4-4-2-28)も複勝回収率が高く、推奨したい。

500万下(ダート)の種牡馬別成績(勝利数順)

種牡馬	着別度数	勝率	連対率	複勝率	単勝回収率	複勝回収率
メイショウボーラー	20-10-7-129	12.0%	18.1%	22.3%	161%	75%
メイショウサムソン	8-6-7-79	8.0%	14.0%	21.0%	61%	126%
ネオユニヴァース	4-4-2-28	10.5%	21.1%	26.3%	38%	177%
タイキシャトル	4-3-2-26	11.4%	20.0%	25.7%	49%	80%
ゴールドアリュール	4-1-3-9	23.5%	29.4%	47.1%	105%	99%

注目ポイント!

 【500万下(ダート)】×【メイショウボーラー産駒】(20-10-7-129)の狙いはこれだ!

| 競馬場 | 福島(3-2-1-4) | 単勝人気 | 2番人気(6-3-0-8) |

メイショウグンパイ(2番人気2着) 16年11月19日、福島ダ1150m、3歳上500万下
❶【500万下(ダート)】×❷【メイショウボーラー産駒】×❸【福島】×❹【2番人気】

好走の方程式

障害レース

メイショウ馬 VS 全馬 徹底比較!

【障害レース】

	着別度数	勝率	連対率	複勝率	単勝回収率	複勝回収率
メイショウ馬	35-29-27-221/312	11.2%	20.5%	29.2%	53%	66%
全馬	657-657-657-6205	8.0%	16.1%	24.1%	76%	79%

メイショウ馬の障害レースといえば、**メイショウブシドウ**が阪神ジャンプS、**メイショウヨウドウ**が東京ジャンプSを勝利し、重賞ウイナーとなっている。他馬も堅実に走っており、好走確率は複勝率29%と高い。一方、回収率は平均以下となっている。

メイショウ馬 VS 全馬 徹底比較!

【障害レース】×【高田潤騎手】

超メイショウランク

	着別度数	勝率	連対率	複勝率	単勝回収率	複勝回収率
メイショウ馬	9-4-1-8	40.9%	59.1%	63.6%	162%	110%
全馬	45-30-24-96	23.1%	38.5%	50.0%	95%	89%

★★★ ゴールドM

メイショウ馬を障害レースで上手に走らせるのは**高田潤騎手(9-4-1-8)**だ。複勝率約64%と抜群の安定感を誇り、単勝回収率は162%と信頼できる。重賞(2-3-1-0)で馬券を外したことがなく、単勝1~3番人気(8-2-1-1)ならほぼ確実に勝ち負けになる。重賞以外(7-1-0-8)でも連対率50%と高水準なので、高田潤騎手がメイショウ馬に乗っていたら、キッチリ押さえる必要がありそうだ。

メイショウ馬 障害レースの騎手別成績(勝利数順)

騎手	着別度数	勝率	連対率	複勝率	単勝回収率	複勝回収率
高田潤	9-4-1-8	40.9%	59.1%	63.6%	162%	110%
森一馬	6-3-4-37	12.0%	18.0%	26.0%	94%	78%
熊沢重文	6-2-5-24	16.2%	21.6%	35.1%	76%	55%
西谷誠	4-2-3-12	19.0%	28.6%	42.9%	69%	130%
白浜雄造	2-6-3-16	7.4%	29.6%	40.7%	14%	81%

注目ポイント!

【障害レース】×【高田潤騎手】(9-4-1-8)の狙いはこれだ!

| クラス | 重賞(2-3-1-0) | 単勝人気 | 1~3番人気(8-2-1-1) |

メイショウブシドウ(1番人気1着) 14年9月20日、阪神障3140m、阪神ジャンプS
❶【障害レース】×❷【高田潤騎手】×❸【重賞】×❹【1~3番人気】

好走の方程式

ハンデ戦

メイショウ馬 vs 全馬 徹底比較！

【ハンデ戦】

	着別度数	勝率	連対率	複勝率	単勝回収率	複勝回収率
メイショウ馬	26-11-22-368	6.1%	8.7%	13.8%	108%	65%
全馬	1047-1047-1049-12030	6.9%	13.8%	20.7%	81%	78%

超メイショウランク
ブロンズM

メイショウ馬のハンデ戦との関連では、17年のシリウスSでハンデ55キロの**メイショウスミトモ**が勝利し、単勝7420円が飛び出したことが印象深い。そんなメイショウ馬のハンデ戦。複勝率こそ約14%と低いが、単勝回収率は108%と上々の成績。

メイショウ馬 vs 全馬 徹底比較！

【ハンデ戦】×【1000万下】

	着別度数	勝率	連対率	複勝率	単勝回収率	複勝回収率
メイショウ馬	12-6-4-134	7.7%	11.5%	14.1%	142%	75%
全馬	400-398-401-4481	7.0%	14.0%	21.1%	74%	78%

超メイショウランク
ゴールドM

ハンデ戦でメイショウ馬を買うなら、**1000万下(12-6-4-134)**の条件戦。単勝回収率が142%と高いので、積極的にアタマから狙いたい。中でも4歳(6-1-3-23)は馬券に絡む確率が高く、単勝7番人気(4-0-0-6)は高勝率。回収率という点ではG3(3-1-5-50)が単複ともに100%を超えているので、こちらもオススメ。

メイショウ馬

ハンデ戦のクラス別成績（勝利数順）

クラス	着別度数	勝率	連対率	複勝率	単勝回収率	複勝回収率
1000万下	12-6-4-134	7.7%	11.5%	14.1%	142%	75%
1600万下	7-1-8-107	5.7%	6.5%	13.0%	87%	54%
オープン特別	4-2-5-68	5.1%	7.6%	13.9%	52%	39%
G3	3-1-5-50	5.1%	6.8%	15.3%	157%	100%
G2	0-1-0-9	0.0%	10.0%	10.0%	0%	28%

注目ポイント！

【ハンデ戦】×【1000万下】(12-6-4-134)の狙いはこれだ！

| 年齢 | 4歳(6-1-3-23) | 単勝人気 | 7番人気(4-0-0-6) |

メイショウタマカゼ(7番人気1着)　13年11月16日、京都芝2400m、高雄特別
❶【ハンデ戦】×❷【1000万下】×❸【4歳】×❹【7番人気】

好走の方程式

牝馬限定戦

メイショウ馬 VS 全馬 徹底比較！

【牝馬限定戦】

	着別度数	勝率	連対率	複勝率	単勝回収率	複勝回収率
メイショウ馬	52-47-46-694	6.2%	11.8%	17.3%	73%	74%
全馬	2593-2598-2596-30776	6.7%	13.5%	20.2%	70%	74%

超メイショウランク　ブロンズM

メイショウマンボをはじめ、牝馬の活躍馬が多いメイショウ馬。牝馬限定戦での成績とはどうだろうか？　メイショウ馬は全馬に比べて、好走確率、回収率ともにほぼ互角。牝馬限定戦でのメイショウ馬好走パターンを探る。

メイショウ馬 VS 全馬 徹底比較！

【牝馬限定戦】×【武豊騎手】

	着別度数	勝率	連対率	複勝率	単勝回収率	複勝回収率
メイショウ馬	5-4-5-21	14.3%	25.7%	40.0%	78%	105%
全馬	65-54-53-329	13.0%	23.8%	34.3%	55%	76%

超メイショウランク　ゴールドM

牝馬限定戦で上手にメイショウ馬をエスコートする騎手は？　ここでも**武豊騎手（5-4-5-21）が最多勝**で、複勝率40％、複勝回収率105％と優秀な成績を残している。城戸義政騎手（5-2-1-26）や池添謙一騎手（5-0-1-19）など、メイショウ馬の主戦騎手も勝ち星で並んでおり、単勝回収率は100％を超える。ちなみにメイショウ馬における武豊騎手の牝馬限定戦は、「ダートの500万下」と「良馬場」がオススメだ。

メイショウ馬　牝馬限定戦の騎手別成績（勝利数順）

騎手	着別度数	勝率	連対率	複勝率	単勝回収率	複勝回収率
武豊	5-4-5-21	14.3%	25.7%	40.0%	78%	105%
城戸義政	5-2-1-26	14.7%	20.6%	23.5%	132%	81%
池添謙一	5-0-1-19	20.0%	20.0%	24.0%	145%	60%
幸英明	3-3-3-20	10.3%	20.7%	31.0%	80%	80%
岩崎翼	3-1-1-22	11.1%	14.8%	18.5%	70%	51%

注目ポイント！

【牝馬限定戦】×【武豊騎手】（5-4-5-21）の狙いはこれだ！

クラス	ダートの500万下（2-2-0-2）	ダートの馬場	良（4-3-3-8）

メイショウウルミナス（11番人気2着）　17年11月4日、東京ダ1600m、3歳上500万下

❶【牝馬限定戦】×❷【武豊騎手】×❸【ダートの500万下】×❹【良】

好走の方程式

最終レース

メイショウ馬 VS 全馬 徹底比較!

【最終レース】

	着別度数	勝率	連対率	複勝率	単勝回収率	複勝回収率
メイショウ馬	37-31-44-431	6.8%	12.5%	20.6%	55%	89%
全馬	1484-1488-1493-17852	6.6%	13.3%	20.0%	72%	76%

1日をしめくくる最終レース。ダート戦が多く、波乱も起こりやすいのでタフなメイショウ馬には恰好の舞台と言えそうだが、果たしてどうだろうか? 全馬との比較では、ほぼ互角。単勝回収率でやや劣っているが、複勝回収率が89%とまずまずの成績。

メイショウ馬 VS 全馬 徹底比較!

【最終レース】×【池添謙一騎手】

	着別度数	勝率	連対率	複勝率	単勝回収率	複勝回収率
メイショウ馬	4-2-3-12	19.0%	28.6%	42.9%	106%	117%
全馬	23-17-18-200	8.9%	15.5%	22.5%	83%	79%

超メイショウランク ★★★ ゴールドM

最終レースでメイショウ馬を買うなら、**池添謙一騎手(4-2-3-12)**の騎乗馬が狙い目。複勝率約43%、単複回収率はどちらも100%を超えている。京都のダート(4-1-0-3)で良馬場(3-1-2-4)の場合、さらに好走確率が高まる。ほかでは川田将雅騎手(3-0-1-5)が単複回収率が高く、単勝回収率なら福永祐一騎手、複勝回収率なら城戸義政騎手が狙い目だ。

メイショウ馬 最終レースの騎手別成績(勝利数順)

騎手	着別度数	勝率	連対率	複勝率	単勝回収率	複勝回収率
池添謙一	4-2-3-12	19.0%	28.6%	42.9%	106%	117%
福永祐一	3-1-2-9	20.0%	26.7%	40.0%	136%	85%
川田将雅	3-0-1-5	33.3%	33.3%	44.4%	304%	137%
武豊	2-4-4-22	6.3%	18.8%	31.3%	26%	65%
城戸義政	2-4-1-20	7.4%	22.2%	25.9%	42%	340%

注目ポイント!

【最終レース】×【池添謙一騎手】(4-2-3-12)の狙いはこれだ!

| 競馬場 | 京都ダート(4-1-0-3) | ダートの馬場 | 良(3-1-2-4) |

メイショウオセアン(5番人気1着) 15年5月3日、京都ダ1400m、高瀬川S

❶【最終レース】×❷【池添謙一騎手】×❸【京都ダート】×❹【良】

好走の方程式

単勝1番人気

メイショウ馬 VS 全馬 徹底比較!

【単勝1番人気】

	着別度数	勝率	連対率	複勝率	単勝回収率	複勝回収率
メイショウ馬	111-53-48-120	33.4%	49.4%	63.9%	80%	83%
全馬	5763-3351-2283-6494	32.2%	50.9%	63.7%	78%	83%

ブロンズM

単勝1番人気に支持された場合、メイショウ馬の成績は平均的といえる。好走確率や回収率は、どの数値でも全馬と比較してほぼ変わらない。ここでは、1番人気にどの条件を追加したら「買い」パターンかを検証する。

メイショウ馬 VS 全馬 徹底比較!

【単勝1番人気】×【メイショウボーラー産駒】

	着別度数	勝率	連対率	複勝率	単勝回収率	複勝回収率
メイショウ馬	16-7-5-13	39.0%	56.1%	68.3%	87%	85%
全馬	43-18-18-49	33.6%	47.7%	61.7%	72%	77%

シルバーM

メイショウ馬が単勝1番人気の場合、種牡馬別の安定感ならディープインパクト産駒(7-3-2-0)。これについては、P93の「ディープインパクト産駒」を参照のこと。種牡馬の勝ち鞍なら**メイショウボーラー産駒(16-7-5-13)**がオススメ。ダ1400m(3-4-0-1)やダートの稍重(3-2-0-0)だと、2着以内に入る確率が高い。

1番人気の種牡馬別成績(勝利数順)

種牡馬	着別度数	勝率	連対率	複勝率	単勝回収率	複勝回収率
メイショウボーラー	16-7-5-13	39.0%	56.1%	68.3%	87%	85%
メイショウサムソン	9-7-3-8	33.3%	59.3%	70.4%	85%	96%
ディープインパクト	7-3-2-0	58.3%	83.3%	100.0%	117%	122%
マンハッタンカフェ	6-4-3-10	26.1%	43.5%	56.5%	61%	74%
キングカメハメハ	5-2-2-4	38.5%	53.8%	69.2%	99%	95%

注目ポイント!

【1番人気】×【メイショウボーラー産駒】(16-7-5-13)の狙いはこれだ!

| 距離 | ダ1400m(3-4-0-1) | ダートの馬場 | 稍重(3-2-0-0) |

メイショウジーク(1番人気1着) 16年10月29日、京都ダ1400m、2歳未勝利

❶【1番人気】×❷【メイショウボーラー産駒】×❸【ダ1400m】×❹【稍重】

好走の方程式

単勝二桁人気

メイショウ馬 VS 全馬 徹底比較！

【単勝二桁人気】

	着別度数	勝率	連対率	複勝率	単勝回収率	複勝回収率
メイショウ馬	22-35-48-2294	0.9%	2.4%	4.4%	67%	69%
全馬	900-1487-2041-93149	0.9%	2.4%	4.5%	62%	64%

超メイショウランク
ブロンズM

人気の盲点になったメイショウ馬が馬券に絡むイメージは意外と強い。果たして、それは本当だろうか？ 単勝二桁人気のメイショウ馬の成績を全馬と比較すると、好走確率はほぼ互角、回収率では多少メイショウ馬が上回る結果となった。

メイショウ馬 VS 全馬 徹底比較！

【単勝二桁人気】×【メイショウボーラー産駒】

	着別度数	勝率	連対率	複勝率	単勝回収率	複勝回収率
メイショウ馬	8-3-6-320	2.4%	3.3%	5.0%	208%	82%
全馬	18-12-23-1350	1.3%	2.1%	3.8%	100%	56%

超メイショウランク
ゴールドM

人気薄のメイショウ馬も単勝1番人気と同じく、種牡馬別なら**メイショウボーラー産駒(8-3-6-320)**がオススメだ。メイショウ馬の中で最多出走回数にも関わらず、単勝回収率は208%。人気でも人気薄でもメイショウボーラー産駒が買いということだ。ちなみに馬券に絡んだ17頭中13頭が単勝10～12番人気。13番人気以下は4頭のみ。

メイショウ馬　単勝二桁人気の種牡馬別成績（勝利数順）

種牡馬	着別度数	勝率	連対率	複勝率	単勝回収率	複勝回収率
メイショウボーラー	8-3-6-320	2.4%	3.3%	5.0%	208%	82%
ハーツクライ	2-1-3-63	2.9%	4.3%	8.7%	188%	118%
ゴールドアリュール	2-0-1-19	9.1%	9.1%	13.6%	462%	134%
メイショウサムソン	1-3-5-242	0.4%	1.6%	3.6%	21%	61%
マンハッタンカフェ	1-1-2-78	1.2%	2.4%	4.9%	112%	49%

注目ポイント！

【二桁人気】×【メイショウボーラー産駒】(8-3-6-320)の狙いはこれだ！

単勝人気 **10～12番人気(6-2-5-165)**　馬体重 **500～519kg(1-1-1-1)**

メイショウバルコラ（11番人気2着）　18年1月27日、京都ダ1200m、3歳未勝利

❶【二桁人気】×❷【メイショウボーラー産駒】×❸【10～12番人気】×❹【500～519kg】

好走の方程式

1枠

メイショウ馬 VS 全馬 徹底比較!

【1枠】

	着別度数	勝率	連対率	複勝率	単勝回収率	複勝回収率
メイショウ馬	42-24-44-503	6.9%	10.8%	17.9%	51%	55%
全馬	1797-1780-1902-21224	6.7%	13.4%	20.5%	68%	72%

最内枠である1枠の成績はどうだろうか。メイショウ馬と全馬で比較したところ、勝率は互角だったが、それ以外はメイショウ馬が劣っていた。とくに単勝複回収率は50%台と低く、枠番別でメイショウ馬の複勝回収率が60%を下回ったのは1枠だけだった。

メイショウ馬 VS 全馬 徹底比較!

【1枠】×【新馬】

	着別度数	勝率	連対率	複勝率	単勝回収率	複勝回収率
メイショウ馬	4-3-3-18	14.3%	25.0%	35.7%	74%	90%
全馬	150-150-154-1608	7.3%	14.5%	22.0%	59%	68%

シルバーM

メイショウ馬で1枠を得意にしている条件は? コース別では京都芝1200mが圧倒的だった。これについては、P42の「京都芝1200m」を参照のこと。クラス別は**新馬(4-3-3-18)**の成績がよく、芝(1-3-2-11)でもダート(3-0-1-7)でも複勝率は35%前後と安定していた。1200m(3-1-2-5)で単勝2〜3番人気(3-1-2-0)だと、期待に応えることが多い。

メイショウ馬 1枠のクラス別成績

クラス	着別度数	勝率	連対率	複勝率	単勝回収率	複勝回収率
新馬	4-3-3-18	14.3%	25.0%	35.7%	74%	90%
未勝利	15-9-19-190	6.4%	10.3%	18.5%	41%	57%
500万下	13-6-10-137	7.8%	11.4%	17.5%	72%	46%
1000万下	7-4-6-78	7.4%	11.6%	17.9%	58%	60%
1600万下	2-0-1-25	7.1%	7.1%	10.7%	38%	46%
オープン特別	0-1-3-34	0.0%	2.6%	10.5%	0%	18%
重賞	1-1-2-21	4.0%	8.0%	16.0%	48%	106%

注目ポイント!

【1枠】×【新馬】(4-3-3-18)の狙いはこれだ!

距離	**1200m(3-1-2-5)**	単勝人気	**2〜3番人気(3-1-2-0)**

メイショウシャチ(3番人気1着) 15年11月21日、京都1200m、2歳新馬
❶【1枠】×❷【新馬】×❸【1200m】×❹【2〜3番人気】

好走の方程式

8枠

メイショウ馬 VS 全馬 徹底比較!

【8枠】

	着別度数	勝率	連対率	複勝率	単勝回収率	複勝回収率
メイショウ馬	60-58-59-687	6.9%	13.7%	20.5%	54%	65%
全馬	2634-2600-2522-29323	7.1%	14.1%	20.9%	74%	73%

8枠の成績をメイショウ馬と全馬で比較した。複勝率はどちらも約21%で互角だが、単勝回収率は全馬74%に対して、メイショウ馬が54%と劣勢だ。メイショウ馬が大外枠に入ったときは、あえて買う必要はないかもしれない。

メイショウ馬 VS 全馬 徹底比較!

【8枠】×【母父マンハッタンカフェ】

超メイショウランク

	着別度数	勝率	連対率	複勝率	単勝回収率	複勝回収率
メイショウ馬	5-2-1-13	23.8%	33.3%	38.1%	155%	125%
全馬	21-16-20-218	7.6%	13.5%	20.7%	82%	66%

★★★ ゴールドM

メイショウ馬の中で8枠を得意にしている母父は何だろうか? それは**マンハッタンカフェ(5-2-1-13)**だ。回収率は100%を大きく超えており、全馬との比較でも、すべての項目で圧勝している。もし8枠の母父マンハッタンカフェを買うなら、3歳の先行馬だと、さらに成績がよくなるはずだ。それ以外では母父スキャン(4-6-2-12)も複勝率50%と好走確率が高い。

8枠の母父別成績(勝利数順)

母父馬	着別度数	勝率	連対率	複勝率	単勝回収率	複勝回収率
マンハッタンカフェ	5-2-1-13	23.8%	33.3%	38.1%	155%	125%
スキャン	4-6-2-12	16.7%	41.7%	50.0%	93%	140%
サンデーサイレンス	3-1-2-49	5.5%	7.3%	10.9%	80%	121%
アフリート	3-0-1-14	16.7%	16.7%	22.2%	64%	52%
マイネルラヴ	3-0-0-4	37.5%	37.5%	50.0%	145%	93%

注目ポイント!

 【8枠】×【母父マンハッタンカフェ】(5-2-1-13)の狙いはこれだ!

年齢 3歳(4-1-0-7)　　**脚質** 先行(5-1-0-2)

メイショウグロッケ(6番人気1着)　17年12月28日、阪神芝1600m、3歳上500万下
❶【8枠】×❷【母父マンハッタンカフェ】×❸【3歳】×❹【先行】

好走の方程式

メイショウ馬 簡単 3ステップチェック！

最短40分でできる！

※複写してご利用ください。

月　日（　）

馬名	R	コースA	対象リスト	騎手名B	対象リスト	種牡馬名C	対象リスト
例) メイショウツバキ	6	京都芝1400	NO	小牧太	NO	メイショウサムソン	YES

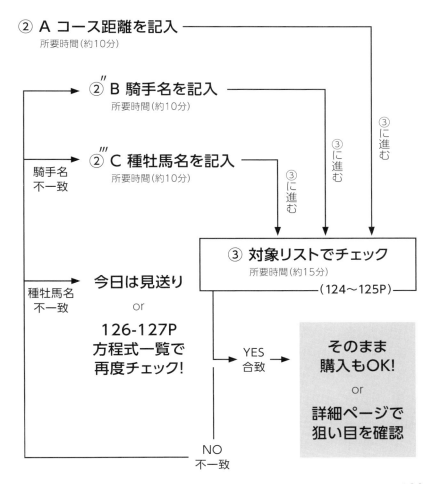

簡単 3ステップチェック! 対象リスト

コース・距離

距離コース	主要ファクター	ページ
京都ダ1200m	5歳	36
京都ダ1200m	4枠	37
京都ダ1400m	武豊騎手	38
京都ダ1400m	メイショウボーラー産駒	39
京都ダ1400m	未勝利(ダート)	111
京都ダ1800m	単勝1番人気	40
京都ダ1800m	4歳以上	41
京都芝1200m	1枠	42
京都芝2000m	牝	43
阪神ダ1200m	池添謙一騎手	44
阪神ダ1200m	単勝2番人気	45
阪神ダ1400m	メイショウボーラー産駒	46
阪神ダ1400m	2歳	47
阪神ダ1400m	川田将雅騎手	78
阪神ダ1800m	5歳	48
阪神ダ1800m	プリサイスエンド産駒	49
阪神ダ1800m	南井克巳厩舎	81
阪神芝1200m	3歳	50
中山ダ1200m	5歳	51
中京ダ1200m	単勝2番人気	52
中京ダ1200m	城戸義政騎手	53
中京ダ1800m	未勝利	54
中京ダ1800m	3歳	55
小倉ダ1700m	メイショウサムソン産駒	56
小倉ダ1700m	単勝4〜6番人気	57
小倉ダ1700m	タイキシャトル産駒	92
小倉芝1200m	5歳	58
小倉芝1200m	新馬	59
小倉芝1800m	未勝利	60
小倉芝2000m	未勝利(芝)	110
福島ダ1700m	メイショウボーラー産駒	61
新潟ダ1800m	単勝2〜3番人気	62
新潟ダ1800m	馬体重460〜479キロ	63
函館ダ1700m	良馬場	64
函館ダ1700m	馬体重460〜479キロ	65
札幌ダ1700m	未勝利	66

騎手

騎手名	主要ファクター	ページ
武豊騎手	松永昌博厩舎	68
武豊騎手	先行	69
武豊騎手	メイショウボーラー産駒	86
武豊騎手	ゴールドアリュール産駒	94
武豊騎手	スズカマンボ産駒	96
武豊騎手	新馬（ダート）	109
武豊騎手	500万下（芝）	112
武豊騎手	牝馬限定戦	116
池添謙一騎手	未勝利	70
池添謙一騎手	京都	71
池添謙一騎手	池添兼雄厩舎	83
池添謙一騎手	三嶋牧場	99
池添謙一騎手	最終レース	117
幸英明騎手	500万下	72
幸英明騎手	富田牧場	73
城戸義政騎手	ダ1700m	74
浜中俊騎手	京都	75
浜中俊騎手	荒川義之厩舎	85
古川吉洋騎手	南井克巳厩舎	76
岩田康誠騎手	5歳	77
秋山真一郎騎手	京都	79
和田竜二騎手	南井克巳厩舎	80
高田潤騎手	障害レース	114

種牡馬

種牡馬名	主要ファクター	ページ
メイショウボーラー産駒	本田優厩舎	82
メイショウボーラー産駒	南井克巳厩舎	87
メイショウボーラー産駒	太陽牧場	100
メイショウボーラー産駒	500万下（ダート）	113
メイショウボーラー産駒	単勝1番人気	118
メイショウボーラー産駒	単勝二桁人気	119
メイショウサムソン産駒	母父バブルガムフェロー	88
メイショウサムソン産駒	中京ダート	89
メイショウサムソン産駒	母父サンデーサイレンス	106
マンハッタンカフェ産駒	ダ1800m	90
マンハッタンカフェ産駒	牡	91
ディープインパクト産駒	単勝1番人気	93
プリサイスエンド産駒	ダ1800m	95
キングカメハメハ産駒	1300m以下	97

まとめ

メイショウ馬券術　85の方程式
4つの組み合わせに一致したメイショウ馬を狙え!

3章と4章で使用した好走例の組み合わせの一覧。4つの条件に合致するメイショウ馬は馬券に絡む確率が高いので積極的に狙いたい。

方程式番号	ページ	(1)ページの主役	(2)好相性	(3)狙い目1	(4)狙い目2
1	36	京都ダ1200m	5歳	武豊騎手	ミスプロ系産駒
2	37	京都ダ1200m	4枠	単勝3～4番人気	稍重
3	38	京都ダ1400m	武豊騎手	母父ミスプロ系	2歳
4	39	京都ダ1400m	メイショウボーラー産駒	未勝利	逃げ
5	40	京都ダ1800m	単勝1番人気	母父ノーザンダンサー系	500万下
6	41	京都ダ1800m	4歳以上	最終レース	5～6枠
7	42	京都芝1200m	1枠	2～4歳	10～12月
8	43	京都芝2000m	牝	3歳	7～8枠
9	44	阪神ダ1200m	池添謙一騎手	500万下	良
10	45	阪神ダ1200m	単勝2番人気	2歳	新馬
11	46	阪神ダ1400m	メイショウボーラー産駒	6～8枠	高橋義忠厩舎
12	47	阪神ダ1400m	2歳	逃げ先行	牡
13	48	阪神ダ1800m	5歳	先行	1600万下
14	49	阪神ダ1800m	プリサイスエンド産駒	8枠	先行
15	50	阪神芝1200m	3歳	500万下	2～4枠
16	51	中山ダ1200m	5歳	牡	2～4枠
17	52	中京ダ1200m	単勝2番人気	牡	1～5枠
18	53	中京ダ1200m	城戸義政騎手	単勝6～8番人気	1月
19	54	中京ダ1800m	未勝利	逃げ	単勝1番人気
20	55	中京ダ1800m	3歳	単勝1番人気	520Kg以上
21	56	小倉ダ1700m	メイショウサムソン産駒	単勝4番人気	良
22	57	小倉ダ1700m	単勝4～6番人気	母父バブルガムフェロー	7～9月
23	58	小倉芝1200m	5歳	幸英明騎手	単勝6～8番人気
24	59	小倉芝1200m	新馬	2歳	11頭以下
25	60	小倉芝1800m	未勝利	単勝1～2番人気	5レース
26	61	福島ダ1700m	メイショウボーラー産駒	差し	2～4枠
27	62	新潟ダ1800m	単勝2～3番人気	3歳	逃げ先行
28	63	新潟ダ1800m	460～479Kg	500万下	1～3枠
29	64	函館ダ1700m	良	高昭牧場	母父ダンスインザダーク
30	65	函館ダ1700m	460～479Kg	単勝3番人気	6～7枠
31	66	札幌ダ1700m	未勝利	逃げ	500Kg以上
32	68	武豊騎手	松永昌博厩舎	逃げ先行	阪神
33	69	武豊騎手	先行	芝1500m以下	稍重
34	70	池添謙一騎手	未勝利	1400m	単勝3番人気
35	71	池添謙一騎手	京都	4歳	ダートの1000万下
36	72	幸英明騎手	500万下	1400m	単勝6番人気
37	73	幸英明騎手	富田牧場	5歳	単勝1～2番人気
38	74	城戸義政騎手	ダ1700m	牡	稍重

方程式番号	ページ	(1)ページの主役	(2)好相性	(3)狙い目1	(4)狙い目2
39	75	浜中俊騎手	京都	ダ1400m	1or8枠
40	76	古川吉洋騎手	南井克巳厩舎	ダート	1600m以上
41	77	岩田康誠	5歳	単勝1～5番人気	4～5枠
42	78	川田将雅騎手	阪神ダ1400m	500万下	逃げ先行
43	79	秋山真一郎騎手	京都	ダ1400m	平場
44	80	南井克巳厩舎	和田竜二騎手	500万下	ダートの良
45	81	南井克巳厩舎	阪神ダ1800m	フジワラファーム	500Kg以上
46	82	本田優厩舎	メイショウボーラー産駒	3歳	ダ1600～1800m
47	83	池添兼雄厩舎	池添謙一騎手	阪神ダ1200m	1000万下
48	84	安達昭夫厩舎	母父フジキセキ	1600～1700m	4歳
49	85	荒川義之厩舎	浜中俊騎手	芝	京都
50	86	メイショウボーラー産駒	武豊騎手	500万下	1400m
51	87	メイショウボーラー産駒	南井克巳厩舎	ダ1400m	10～12月
52	88	メイショウサムソン産駒	母父バブルガムフェロー	ダ1600～1700m	単勝3番人気
53	89	メイショウサムソン産駒	中京ダート	5歳	前走10番人気以下
54	90	マンハッタンカフェ産駒	ダ1800m	最終レース	1000万下
55	91	マンハッタンカフェ産駒	牡	阪神ダート	稍重
56	92	タイキシャトル産駒	小倉ダ1700m	単勝2～4番人気	2～3月
57	93	ディープインパクト産駒	単勝1番人気	三嶋牧場	440～459Kg
58	94	ゴールドアリュール産駒	武豊騎手	ダ1200m	500万下
59	95	プリサイスエンド産駒	ダ1800m	4歳	単勝1～3番人気
60	96	スズカマンボ産駒	武豊騎手	ダ1400m	先行
61	97	キングカメハメハ産駒	1300m以下	ダート	500万下
62	98	三嶋牧場	母父ダンスインザダーク	先行	牡4
63	99	三嶋牧場	池添謙一騎手	ダ1200m	先行
64	100	太陽牧場	メイショウボーラー産駒	川島信二騎手	ダ1700m
65	101	富田牧場	母父フレンチデピュティ	1200m	新馬or未勝利
66	102	高昭牧場	飯田祐史厩舎	ダ1400m	2歳
67	103	日の出牧場	単勝1番人気	阪神	4歳
68	104	母父ダンスインザダーク	京都ダート	逃げ	6枠
69	105	母父ダンスインザダーク	4歳	ダートの1000万下	良
70	106	母父サンデーサイレンス	メイショウサムソン産駒	ダ1800m	逃げ
71	107	母父バブルガムフェロー	ダ1700m	蛯名正義騎手	3～4歳
72	108	新馬(芝)	小倉	浅見秀一厩舎	多田善弘
73	109	新馬(ダート)	武豊騎手	1400m	460～519Kg
74	110	未勝利(芝)	小倉芝2000m	480Kg以上	4～6枠
75	111	未勝利(ダート)	京都ダ1400m	2歳	14頭以下
76	112	500万下(芝)	武豊騎手	9レース	単勝8番人気
77	113	500万下(ダート)	メイショウボーラー産駒	福島	単勝2番人気
78	114	障害レース	高田潤騎手	重賞	単勝1～3番人気
79	115	ハンデ戦	1000万下	4歳	単勝7番人気
80	116	牝馬限定戦	武豊騎手	ダートの500万下	良
81	117	最終レース	池添謙一騎手	京都ダート	良
82	118	単勝1番人気	メイショウボーラー産駒	ダ1400m	稍重
83	119	単勝二桁人気	メイショウボーラー産駒	単勝10～12番人気	500～519Kg
84	120	1枠	新馬	1200m	単勝2～3番人気
85	121	8枠	母父マンハッタンカフェ	3歳	先行

127

競馬道OnLine編集部　http://www.keibado.ne.jp
競馬道OnLine は1997 年に開設。競馬専門紙の老舗「競馬ブック」と提携する日本最大級のインターネット競馬情報サイト。競馬ブック提供のデータをもとにした競馬予想支援ソフト『競馬道』シリーズをはじめ、競馬道調教マスターなどのデータ分析やさまざまな指数を提供。編集部が編集した書籍に「パーフェクト種牡馬辞典」「パーフェクト調教事典」(自由国民社刊)や競馬道OnLine選書シリーズ(主婦の友社刊)など。

TAKERU https://www.takeryou.com/
競馬ゲーム媒体の編集者を経て、某競馬予想アプリの開発に携わる。そこで編み出した独自の大穴指数＝ダークホース指数を使い穴予想を展開。32にわたるファクターのバランスを調整しながら穴馬に狙いを定める、文字どおりの「ダークホーススナイパー」。競馬予想GPで2018年1月度レース回収率1位を達成。競馬道OnLineでは2018年4月より『D&C指数』を会員向けに公開。生粋の『メイショウ』ファンでもある。

競馬道OnLineポケットブック　004

意外と当たる「メイショウ」馬券術

2018年 7月31日　第1刷発行

- ●著者　競馬道OnLine 編集部
　　　　TAKERU
- ●構成・執筆・データ解析
　　　　高任真人
- ●本書の内容に関する問合せ
　　　　keibasupport@o-amuzio.co.jp
- ●デザイン　畠中ゆかり
- ●発行者　福島 智
- ●発行元　株式会社オーイズミ・アミュージオ
　　　　〒110-0015　東京都台東区東上野1-8-6　妙高酒造ビル5F
- ●発売元　株式会社主婦の友社
　　　　〒101-8911　東京都千代田区神田駿河台2-9
　　　　電話:03-5280-7551
- ●印刷・製本　三松堂株式会社

※本書の一部または全部を複写(コピー)、複製することは、法律で認められた場合を除き、
　著作権の侵害となります。
※乱丁・落丁はお取り替えします。
※定価はカバーに表示してあります。
©2018 Keibado OnLine
Printed in Japan
ISBN 978-4-07-430539-1